浙江省机动车维修技术人员从业资格培训教材

汽车维修价格结算

（模块Ⅰ）

浙江省机动车维修技术人员从业资格培训教材编写组　编

胡大宏　主编

田宝春　参编

人民交通出版社

内 容 提 要

本书为浙江省机动车维修技术人员从业资格培训教材。全书共分四章，主要内容包括：汽车维修价格结算员岗位职责和职业道德、汽车维修价格结算的基本知识、汽车维修价格结算的计算方法、汽车维修价格结算计算机辅助管理。

本书可供机动车维修技术人员从业资格考试前复习参考使用。

图书在版编目(CIP)数据

汽车维修价格结算：模块Ⅰ/胡大宏主编. --北京：人民交通出版社，2013.3

浙江省机动车维修技术人员从业资格培训教材

ISBN 978-7-114-10416-9

Ⅰ.①汽… Ⅱ.①胡… Ⅲ.①汽车－车辆修理－价格－技术培训－教材 Ⅳ.①F766

中国版本图书馆 CIP 数据核字(2013)第 042060 号

浙江省机动车维修技术人员从业资格培训教材

书　　名：**汽车维修价格结算**(模块Ⅰ)
著 作 者：胡大宏
责任编辑：顾然鲁　曹延鹏
出版发行：人民交通出版社
地　　址：(100011)北京市朝阳区安定门外外馆斜街3号
网　　址：http://www.ccpress.com.cn
销售电话：(010)59757973
总 经 销：人民交通出版社发行部
印　　刷：北京鑫正大印刷有限公司
开　　本：720×960　1/16
印　　张：6
字　　数：90千
版　　次：2013年3月　第1版
印　　次：2013年3月　第1版　第1次印刷
书　　号：ISBN 978-7-114-10416-9
定　　价：15.00元
(有印刷、装订质量问题的图书由本社负责调换)

前言

FOREWORD

交通部颁布实施的《道路运输从业人员管理规定》，规定了机动车维修技术负责人、质量检验人员及从事机修、电器、钣金、涂漆、车辆技术评估（含检测）作业的技术人员实行从业资格考试制度。从业资格考试是根据浙江省道路运输管理局印发的《浙江省机动车维修技术人员从业资格培训大纲》、《浙江省汽车维修企业价格结算员、业务接待员、汽车车身美容装潢工、轮胎修理工、摩托车维修工从业资格考试大纲》、考试题库、考核标准、考试工作规范和程序组织实施。

为配合浙江省机动车维修技术人员从业资格考试，做好相关的从业人员的培训工作，我们组织相关老师及长期从事技术管理的有关人员，编写了浙江省机动车维修技术人员从业资格培训教材。本套丛书共13册，分别为：《职业道德和法律法规（模块A）》、《技术质量管理（模块B）》、《维修检验技术（模块C）》、《发动机与底盘检修技术（模块D）》、《电器维修技术（模块E）》、《车身修复（模块F）》、《车身涂装（模块G）》、《车辆技术评估（模块H）》、《汽车维修价格结算（模块I）》、《汽车维修业务接待（模块J）》、《汽车美容与装饰（模块K）》、《汽车轮胎修理（模块L）》、《摩托车维修（模块M）》。

本教材是依据浙江省机动车维修服务的实际需要，配合浙江省维修企业管理部门的要求及从业人员在职学习的特点，按照理论与实践相结合的原则编写的。在注重加强机动车维修技术人员的理论学习与实际操作能力提升的同时,也适当加入了机动车维修发展的前沿技术等方面的知识。

本书由浙江交通技师学院的胡大宏老师担任主编,田宝春老师担任参编。

由于时间仓促和编写的水平有限,书中难免存在一定的疏漏和不足之处,敬请业内同行和使用者批评指正,以便教材再版时不断修改完善与提高。

浙江省机动车维修技术人员
从业资格培训教材编写组
2013 年 1 月

目录

CONTENTS

第一章 汽车维修价格结算员岗位职责和职业道德

第一节 汽车维修价格结算员

一 汽车维修价格结算员任职条件

汽车维修价格结算员是指在汽车维修企业中,对承修车辆在维修过程中所发生的费用进行统计、核实,并确定向托修方收取相关费用工作的责任人。

国家标准《汽车维修业开业条件》(GB/T 16739—2004)中规定:"汽车维修企业应配备专职价格结算员。价格结算员必须经过专业培训,考试合格,取得从业资格证,持证上岗。维修企业及价格结算员应严格执行本企业明示的维修价格标准收取维修费用。"该条款对汽车维修企业和汽车维修价格结算员作了非常明确的要求。汽车维修企业配备汽车维修价格结算员是规范汽车维修价格结算工作,使汽车维修企业向管理规范化、维修标准化方面发展的要求。

汽车维修价格结算员任职条件是指价格结算员担任本岗位工作所必须具备的任职资格,包括对业务能力、职业道德及身体等方面的要求。

担任汽车维修价格结算员必须具备如下条件:

(1)熟悉国家、地方、行业有关价格政策、相关法律、规章和规定;了解税收政策及相关管理知识。

(2)熟悉掌握汽车维修价格结算的内容和方法,并能用计算机软件熟练操作。

(3)懂得一定的汽车维修知识和汽车维修配件知识;具有一定组织协调能力,能及时计算和审核结算维修费用。

(4)具有高度的工作责任心和良好的职业道德;身体健康,能胜任本岗位工作。

(5)必须经过当地汽车维修行业主管理部门组织的岗位专业培训,经考核合格,取得交通行业主管部门核发的《汽车维修价格结算员证》,持证上岗。

二 汽车维修价格结算员素质要求

1. 文化素质

随着我国社会经济的快速发展,人民生活水平的提高,汽车保有量迅速增长,汽车维修企业也迅速增加,呈现出多层次、多形式、各种经济成分并存的格局。为了更好地规范汽车维修市场秩序,适应汽车技术的快速更新发展,对汽车维修企业的从业人员提出了更高的要求。因此,提高汽车维修企业职工素质,尽快成立一支掌握现代化管理知识和具有管理能力的队伍,是汽车维修企业发展的迫切要求。

2. 业务素质

汽车维修价格结算员作为汽车维修企业的业务人员,对其业务能力的具体要求包括:一是要熟悉国家价格政策和法律法规;二是要熟悉掌握本企业制定并明示的工时定额和收费标准、汽车维修结算方法和操作技能;三是要对汽车维修专业知识有全面的了解,例如汽车结构基本知识、汽车维修基本知识、汽车配件知识及汽车配件市场信息、汽车维修工艺流程和各工种维修工艺特点、成本构成;四是要有适应企业现代化管理的要求,能熟练操作计算机,运用相关计算机软件进行汽车维修价格的结算和辅助管理工作。

3. 思想素质

汽车维修价格结算员的工作岗位是直接面对客户,是企业对外的窗口,其思想素质的高低直接影响企业的形象,关系到企业的业务发展。

因此对其思想素质也提出了具体的要求，一是要求价格结算员具备高度的工作责任感和事业心，熟悉掌握国家政策法律、行业管理规章制度以及本企业的管理制度；二是要具有良好的职业道德，爱岗敬业，秉公办事，廉洁奉公，团结协作，诚信无欺，讲究信誉品德。

第二节　汽车维修价格结算员岗位职责

价格结算是汽车维修企业财会管理的一个重要环节，价格结算员代表企业执行汽车维修的工时定额和收费标准，核算营业收入的合法性、真实性，同时接受汽车维修行业管理部门以及工商、税务、物价、审计等部门的指导和监督。

汽车维修价格结算员岗位职责：

(1)严格按照国家的法律法规(《中华人民共和国价格法》、《中华人民共和国合同法》、《中华人民共和国消费者权益保护法》等)、行业管理规章(《道路运输车辆维护管理规定》、《道路运输行政处罚规定》、《机动车维修管理规定》等)以及本企业规章制度，做好汽车维修价格结算工作，合理收费，不得超收或弄虚作假。

(2)签订汽车维修合同，严格执行汽车维修合同，实事求是地统计核实汽车维修全过程各工种和各项目的收费。

(3)与生产、仓库、财务部门协调配合，按规定程序进行结算；在开具汽车维修发票的同时，向托修方提供工时清单和材料清单，主动热情耐心地向托修方解释说明各项收费及依据。

(4)及时掌握汽车维修市场的价格变化信息，并向企业做好信息反馈工作，参与企业经济分析。

(5)及时学习和掌握汽车维修价格结算的新政策、新知识、计算机操作技能，并运用到岗位工作上，做到结算正确、凭证齐全、报表及时、信息可靠。

(6)参与制定本企业汽车维修价格结算的工作规则和管理制度，不断完善本企业的价格结算系统,及时整理好有关凭证、票据、数据资料等结算的基础材料,分类编号,一车一档,妥善保管。

汽车维修的收费,是受到国家的法律法规和行业管理规章监管的行为。要作为一个合格的汽车维修价格结算员,必须经汽车维修行业管理部门组织的专门培训,考试合格,取得该岗位的从业资格证书《汽车维修价格结算员证》,持证上岗。经过培训熟悉掌握有关法律、法规和规章,如《中华人民共和国价格法》、《中华人民共和国合同法》、《中华人民共和国消费者权益保护法》、《汽车维修合同实施细则》、《道路运输车辆维护管理规定》、《道路运输行政处罚规定》、《机动车维修管理规定》,才能使本企业的收费行为合法化。另外,各汽车维修企业因内部管理和市场竞争的需要,也会在法律、法规的基础上制定一系列的收费标准,如各维修项目的工时单价等,使得收费标准反映出本企业的技术质量和管理水平;如果要为某些客户减免维修费用,应按审批程序,经本企业领导签字后,才能办理结算手续。在现实社会中,价格因素对客户具有很大的吸引力,企业要在市场竞争中取得优势,就要在遵守国家法律法规和确保一定利润的基础上做出符合本企业实际的收费标准。汽车维修价格结算员的主要工作就是按照本企业明示的实际收费标准进行统计和结算。

汽车维修的情况是多种多样的,可能只涉及单项维修,也有可能涉及多个工种作业。汽车维修价格结算工作就是要对从汽车进厂到出厂所涉及的全部作业项目进行统计。因此,要本着对企业、对托修方负责的态度进行作业项目的统计和审核。审核的内容有各工种维修项目工时和维修配件价格是否准确、真实、全面等。对托修方就维修作业项目和价格有疑问时,维修价格结算员一定以其良好的修养认真听取托修方的意见,耐心细致地解释收费项目中各项收费的依据,做到以理服人,要永远记住"顾客永远是对的"这句话。只有这样,当客户理解企业的收费标准后,在接受他所期望的优质服务之后,他才有可能成为本企业的回头客。

市场经济的发展使得汽车维修市场收费价格不断发生变化,企业要对维修价格做出调整，及时明示，以增强本企业的竞争能力。因此要求汽车维修价格结算员随时掌握市场价格的变化，及时提出本企业价格调整的建议，以确保本企业在市场竞争中的优势。

另外，为了提高汽车维修价格结算工作的准确性和有效地提高工作效率，要求每一个汽车维修价格结算员都要熟悉本企业使用的计算机管理系统，熟悉本企业计算机所运行的操作系统，熟悉包括汉字输入方法等基本操作技能，同时学会简单的维护工作，保证计算机系统的正常运行。

第三节　汽车维修价格结算员职业道德规范

一　汽车维修职业道德

汽车维修费用结算是汽车维修生产经营活动的一项重要任务，汽车维修结算员是交通运输部所确定的汽车维修业关键岗位之一。价格结算人员是否具有较高的思想素质，能否遵循职业道德规范，恪尽职守，履行好自己的岗位职责，事关企业的有效经营、服务质量和行业的窗口形象。

职业道德是指从事一定职业的人们在职业活动中应遵循的职业行为道德规范，即道德观念、行为规范和风俗习惯的总和。

汽车维修职业道德是从事汽车维修职业者，在进行汽车维修服务全过程中应遵循的行为规范，是托修方对我们的要求和期望，那就是“服务周到、以诚相待，收费合理、保证质量”。其特点是：对职业充满情感、信念、责任感。良好的职业道德能使人产生爱岗敬业的精神；坚定的职业信念能形成求生存、谋发展、争创一流的决心与行动；强烈的职业责任感能使人刻苦钻研业务、诚实高效地完成各项任务。

在市场经济环境下的今天，汽车维修行业服务性的特点要求从事汽车维修职业的人们要认真提高服务理念，树立以托修方利益为中心的思想,满足用户需求的思想观念,创造经济效益与社会效益同步,保证服务质量,讲究行业信誉,真正做到为托修方着想。这就是社会主义汽车维修职业道德的核心。

汽车维修企业的价格结算员在承接汽车维修业务时,要做到价格公道,收费合理,付出多少劳务,就收取多少费用。收费合理,就是要严格按照企业明示的汽车维修工时定额和收费标准核定汽车维修价格,不乱报工时,不高估冒算,不小题大做(小修理当大项目)。合理收费还表现在其付出的劳务必须达到相应的维修质量。

因此,业内的企业和职工,都应该严格遵守汽车维修职业道德并以此来规范自己的行为。

二 汽车维修价格结算员行为规范

汽车维修价格结算员与本行业其他岗位不同的是,汽车维修结算员每天都要与各种各样的托修方接触,各种社会关系都在这里直接反映出来,成为精神文明和道德风尚的窗口。

汽车维修价格结算员"服务为本,用户至上"的服务思想是至关重要的。要把托修方的利益放在首位,事事为托修方着想,处处为托修方提供方便。在修车结算过程中,要实事求是地统计核实汽车维修全过程、各工种、各项目的收费,主动、热情、耐心地向托修方解释说明各项收费及依据。合理收费是讲究信誉的具体体现,是端正行风的要求。把讲信誉和合理收费列为汽车维修价格结算员职业道德规范,是由其工作的性质特点所决定的,也是"用户至上"的服务思想在职业实践中最好的体现。

另外,汽车维修价格结算员还应注意仪容仪表,规范用语,要有较好的职业形象。

(1)仪表主要是指人经过修饰后的外表。具体要求是:

①头发:职员头发要经常清洗,保持清洁,男性职员头发不宜太长。

②指甲:指甲不能太长,应注意经常修剪。女性职员涂指甲油要尽

量用浅色。

③胡子：胡子不能太长，应经常修剪。

④口腔：保持清洁，上班前不能喝酒或吃有异味食品。

⑤女性职员化妆应给人清洁健康的印象，不能浓妆艳抹，不宜用香味浓烈的香水。要保持服装淡雅得体，不过分华丽。

⑥工作着装应体现稳重、端庄、自信，不追求修饰。衬衫、领带不污秽破损，并注意西装、衬衫、领带、皮鞋、袜子之间颜色相配。鞋子应保持清洁。

(2)仪态是指人在行为中的姿态和举止。姿态主要指人的身体呈现的样子，举止则指人在行为中的举手投足，它们共同构成人的身体语言。具体化要求是：

①坐姿：两脚脚跟着地，脚尖分开约45°，腰背挺直，胸膛自然，颈脖伸直，头微向下，使人看清你的面孔。两臂自然，不耸肩，身体重心在两脚中间。

②站姿：坐下后，应尽量坐端正，把双脚平行放好，不得傲慢地把脚向前伸或向后伸，或俯视前方。要移动椅子的位置时，应先把椅子放在应放的地方，然后再坐。

③走姿：上体正直，挺胸收腹，精神饱满；抬头，下巴与地面平行，两眼平视前方，面带微笑；跨步均匀，两脚之间距离约为一只脚到一只半脚；步伐稳健，自然有节奏感；走路时腰要用力并向上提，脚尖可微微分开，但避免“八字步”。在通道和走廊里不要一边走一边大声说话，更不要唱歌或吹口哨等。

(3)服务用语是服务工作的基本工具，为了使每句话都能发挥其最佳效果，必须讲究语言的艺术性。要灵活掌握，合理使用。

基本服务礼貌用语：

“欢迎您！欢迎您光临！”

“请您走好。谢谢您的光临。”

“祝您一路顺风(平安)！”

“再见。”

“没关系。”

“对不起,让您久等了。”

汽车维修价格结算员在服务工作中,一定要熟悉使用“请”、“您好”、“谢谢”、“对不起”、“再见”等文明礼貌用语,它是服务用语的最基本语言。在服务过程中的每一句话都应该亲切、和蔼,体现对服务对象的尊重。但并非所有的语言都能在接待、服务场所使用。有些语言说出来,虽能表达意思,却会引起听话人的反感,甚至引起矛盾,造成伤害。这些语言,我们称之为“禁语”。在优质服务工作中,一定要杜绝禁语。

(4)在服务工作中应注意的礼节:

①当顾客从工作区域经过时,应以亲切的目光和得体的问候迎送顾客;若在行走途中与顾客相遇则应对顾客微笑点头致意,并侧身让顾客先行,不可与顾客抢道或跑步从后面超越顾客。

②递交维修清单时,要把正面、文字对着对方的方向;需用钢笔签字时,要把笔尖向自己,使对方容易接取。

第二章　汽车维修价格结算的基本知识

第一节　汽车维修价格预算

汽车维修价格的预算，是汽车维修价格结算中的前期工作。依据有关法律，托修方在接受维修服务之前有权知道该次维修的价格范围。比较准确地预算汽车维修费用，是汽车维修企业的经营管理素质的具体体现。如果维修价格预算费用严重超过实际维修的费用，托修方就会考虑找别的厂家，维修企业就会失去该项业务；如果维修价格预算费用比实际维修的费用少很多，在维修过程也没有正当的理由去向托修方解释，托修方在维修结算时就会产生意见，造成承托双方的价格纠纷。

1. 汽车维修价格预算的涵义和特点

汽车维修价格预算，是指汽车维修企业作为承修方与托修方在签订汽车维修合同之前，根据汽车维修前技术状况的鉴定，对所列出的维修项目进行维修费用的概算。

2. 汽车维修价格预算的依据和程序

汽车维修价格预算时，先由汽车维修企业的业务员或专职检验员进行待修车的进厂检验和检测工作，认真听取托修方对车况的陈述，并作必要的检验和不解体检测，介绍维修方案，与托修方共同确定维修项目，再根据所罗列的项目清单，确定维修工艺过程中所牵涉的工种，预计所需更换的材料费和外协加工费，然后根据维修工时定额标准以及本企业收费标准，计算出将发生的维修预算总费用。

第二节　汽车维修价格结算

汽车维修价格结算,是在承修车辆维修竣工交付使用时,由承修方对车辆维修作业所发生的全部工时费用、配件材料费、外加工费以及其他各种费用,用统计的方法计算出来,向托修方收取全部费用的结算过程。

一　汽车维修价格结算的特点

1. 合法性

汽车维修价格结算必须遵循国家有关价格法律法规和行业管理规章,并承担相应的法律责任。要做到明码实价,公开服务项目和收费标准,公平合理收费,不强迫对方接受不合理的价格,不见危加价,不见生欺客,不夸大维修项目,不隐瞒本企业无能力承修的项目,不接受超出经营范围的维修项目,不得使用假冒伪劣配件。应当建立采购配件登记制度,记录购买日期、供应商名称、地址、产品名称及规格型号等,并查验产品合格证等相关证明。对于换下的配件、总成,应交托修方自行处理,并将原厂配件、副厂配件和修复配件分别标识,明码标价,供用户选择。

2. 准确性

汽车维修价格结算工作务必做到统计准确,每项收费有凭有据,做到不错收、漏收或重复收费。

在汽车维修价格体系中,主要由两部分营业收入组成:一是维修企业对外修理车辆,提供汽车维修技术取得的劳务收入;二是企业在修理过程中,由于更换汽车零部件,消耗各种必要的材料,所取得的服务费收入。

二　汽车维修收费方式

经营者制定机动车维修服务价格可采用综合价格或分类价格的计

价方式。

综合价格是指经营者在机动车维修服务中，对某项维修作业所需的工时费和材料费(含管理费)等各项费用实行包干计价而形成的价格。实行综合价格计价方式的，经营者不得收取除综合价格以外的任何费用。

分类价格是指经营者在机动车维修服务中，对维修作业的工时费、材料费(含管理费)及其他费用分别计价而形成的价格。

分类价格收费的汽车维修企业可按机动车维修协会等行业中介组织统一制定的标准执行，也可按经营者报所在地维修行业管理部门备案后的标准执行，也可按机动车生产厂家公布的标准执行。

当上述标准不一致时，优先适用经营者报所在地维修行业管理部门备案的标准执行。

无上述所列执行标准的，可按照同类企业标准执行，但必须明示，并报所在地维修行业管理部门备案后，方可执行。

分类收费汽车维修总费用的计价公式为：

维修费＝工时费＋材料费＋其他费用

第三节　汽车维修价格结算的内部常用单据

当前，我国汽车维修行业的收费主要是采用国家指导价。在汽车行业的价格体系中，价格之间的相互关联、相互制约的主要因素有：维修技术及劳务、维修材料及流通环节、生产规模及修车数量、维修质量及装备、地区差别等。这些因素间相互作用，相互影响，把所有的价格因素互相联系起来，从而构成汽车维修行业完整的价格体系。

为了加强汽车维修企业价格结算工作的管理，规范汽车维修企业价格结算行为，保护汽车维修承托双方的合法权益，在进行维修价格结算工作时，把以下单据作为结算工作的依据：

(1)汽车维修合同文本；

(2)维修检验单及《机动车维修竣工出厂合格证》;

(3)施工单(或称派工单);

(4)材料、工时费结算清单;

(5)工时定额收费标准;

(6)《浙江省汽车摩托车维修业户专用发票》(小规模纳税人用);

(7)《浙江省增值税专用发票》(增值税一般纳税人用)。

一 汽车维修合同文本

汽车维修合同样式见表2-1。

汽车维修合同是一种契约。它是托修方和承修方当事人为了协同其汽车维修活动,达到按规定标准和约定条件维修汽车的目的,而协商签订的相互制约的法律性契约。

汽车维修合同依法签订后,即具有法律约束力。承托修双方必须对合同中的权利和义务负责,必须承担由此而引起的一切法律后果。为此,签订汽车维修合同应注意以下几个问题:

(1)严肃认真地签订汽车维修合同。

汽车维修合同是承托修双方的法律行为。合同依法成立后,合同双方必须信守合同,否则,必须承担法律规定或双方约定的违约责任。因此,必须严肃、认真地签订汽车维修合同。

(2)遵守国家法律、行政法规和政策规定。

汽车维修合同从形式到内容,都必须符合国家法律、行政法规和现行政策的规定。承托修双方不得签订违反国家利益和社会公共利益的汽车维修合同。

(3)贯彻平等互利、协商一致、等价有偿的原则。

汽车维修合同依法成立后,承托修双方当事人的法律地位是平等的,权利和义务也是对等的。

(4)汽车维修合同主要条款必须明确。

(5)明确承托修双方的违约责任。

汽车维修合同样式 表 2-1

托修方:____;签订时间:____合同编号:____承修方:____签订地点:____

一、车辆型号:

车种		牌照号		发动机	型号	
车型		底盘号			编号	

二、车辆交接期限(事宜):

送修				接车			
日期		方式		日期		方式	
地点				地点			

三、维修类别项目:

预计维修费用总额(大写)________(其中工时费______)。

四、材料供应方式:____________________。

五、质量保证期:维修车辆自出厂之日起,在正常使用情况下,________天或行驶________公里以内出现质量问题由承修方负责。

六、验收标准及方式:____________________。

七、结算方式及期限:

现金________,转账________,银行汇款________,期限________。

八、违约责任及金额____________________。

九、如需提供担保,另立合同担保书,作为本合同附本。

十、解决合同纠纷的方式:经济合同仲裁________,法院起诉________。

十一、双方商定的其他条款:____________________。

托修方单位名称(章) 单位地址 法人代表人 电话　　　　　　电挂 开户银行　　　　账号 邮政编码	托修方单位名称(章) 单位地址 法人代表人 电话　　　　　　电挂 开户银行　　　　账号 邮政编码

汽车维修合同的违约责任,是汽车维修合同内容的核心,是其法律约束力的具体体现。当事人必须根据法律规定或双方约定明确各自的违约责任。否则,合同就失去了约束力,不利于全面、严肃地履行汽车维修合同。

(6)材料提供方式。

车辆维修所需的原材料和零配件,原则上应由承修方负责提供。如合同约定由托修方提供的原材料或零配件,托修方应按合同规定的品种、规格、数量、质量、时间提供,承修方对托修方提供的原材料或零配件应及时检验,不符合要求的立即通知托修方调换或补齐。因托修方责任延误维修期限由托修方负责。承修方对托修方提供的原材料和零配件不得擅自更换,不得偷换车辆原有的零配件。擅自调换托修方提供的原材料、零配件或车辆原有的零配件,托修方有权拒收,承修方应当赔偿托修方因此蒙受的损失。

(7)经营范围。

签订汽车维修合同时,汽车维修作业项目不得超越经营范围。

(8)下列汽车维修作业范围,承修方应主动提出签订维修合同:

①汽车大修;

②主要总成大修;

③二级维护;

④维修费用在1000元以上的作业项目。

(9)合同的主要内容为:

①承、托修方的名称及双方签字;

②签订日期及地点;

③合同编号;

④送修车辆的车种车型、牌照和发动机型号(编号)、底盘号、维修类别及项目;

⑤预计维修费用;

⑥质量保证期;

⑦送修日期、地点、方式；

⑧交车日期、地点、方式；

⑨托修方所提供材料的规格、数量、质量及费用结算原则；

⑩验收标准和方式；

⑪结算方式和期限；

⑫违约责任和金额；

⑬解决合同纠纷的方式；

⑭双方商定的其他条款。

二　维修检验单及《机动车维修竣工出厂合格证》

1. 维修检验单

维修检验单是签定汽车维修合同和填写施工单或派工单的重要依据，样式见表2-2。

维修检验单样式　　表2-2

浙江省汽车维修检验单

单位(章)：　　合同号：　　厂编号：

单位				联系人		联系电话			
牌号		车类		厂牌车型		进厂	年　月　日　时		
里程		维修类别		维修小组		出厂	年　月　日　时		
维修车辆进出厂交接内容									

名称	进厂	出厂	名称	进厂	出厂	名称	进厂	出厂
1. 驾驶证			7. 水箱盖			13. 空调装置		
2. 道路运输证			8. 油箱盖			14. 门锁及钥匙		
3. 车辆技术档案			9. 刮水器			15. 门把		
4. 牌照			10. 喇叭			16. 遮阳板		
5. 空气滤清器			11. 收放音机			17. 后视镜		
6. 蓄电池			12. 冷热风机			18. 座椅靠背及套		

续上表

名称	进厂	出厂	名称	进厂	出厂	名称	进厂	出厂
19. 座垫			22. 挂钩			25. 工具箱		
20. 备胎			23. 保险杠			26. 油箱存油		
21. 备胎架			24. 轮胎装饰盖			27. 灭火机		
检查点符号:有(√)　缺(○)　无(×)								
车辆进厂方式:开进(　)拖进(　)装进(　)事故(　)								
车辆出厂方式:接走(　)送达(　)								

车辆检测及出厂手续签发记录				
检测报告单	上线检测次数	初检不合格项	竣工出厂合格证号	签发人
维修发票号	工时费(元)	材料费(元)	合计维修费用(元)	接车人

2.《机动车维修竣工出厂合格证》

《机动车维修竣工出厂合格证》见表2-3。

机动车维修竣工质量检验合格的,维修质量检验人员应当签发《机动车维修竣工出厂合格证》。未签发该证的机动车,不得交付使用,车主可以拒绝交费或接车。

机动车维修竣工出厂合格证由省级道路运输管理机构统一印制和编号,县级道路运输管理机构按照规定发放和管理。

《机动车维修竣工出厂合格证》样式　　表 2-3

1.《机动车维修竣工出厂合格证》式样(正面)

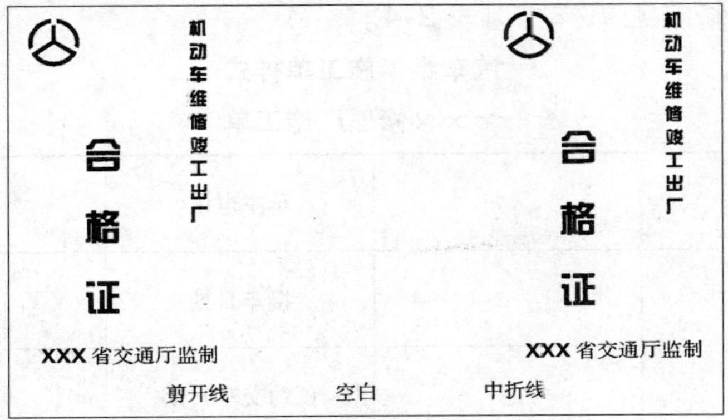
机动车维修竣工出厂

合格证

XXX 省交通厅监制

机动车维修竣工出厂

合格证

XXX 省交通厅监制

剪开线　　空白　　中折线

2.《机动车维修竣工出厂合格证》内容

NO. 00000000

存　根

托修方________

车牌号码________

车型________

发动机型号/编号________

底盘(车身)号________

维修类别________

维修合同编号________

出厂里程表示值________

该车接维修合同维修,经检验合格,准予出厂。

质量检验员:(盖章)

承修单位:(盖章)

进厂日期:

出厂日期:

托修方接车人:　(签字)

接车日期:

(对应正面合格证面)

NO. 00000000

车属单位保管

托修方________

车牌号码________

车型________

发动机型号/编号________

底盘(车身)号________

维修类别________

维修合同编号________

出厂里程表示值________

该车接维修合同维修,经检验合格,准予出厂。

质量检验员:(盖章)

承修单位:(盖章)

进厂日期:

出厂日期:

托修方接车人:　(签字)

接车日期:

(对应正面合格证面)

NO. 00000000

车属单位保管

该车按维修合同进行维修,本厂对维修竣工的车辆实行质量保证,质量保证期为车辆行驶________万公里或者________日。在托修单位严格执行走合期规定、合理使用、正常维护的情况下,出现的维修质量问题,凭此卡随竣工出厂合格证,由本厂负责包修,免返修工料费和工时费,在原维修类别期限内修竣交托修方。返修情况记录:

次数	返修项目	返修日期	修竣人	返修人	质检员

维修发票号:

(对应正面白底)

二 施工单(或称派工单)

汽车维修施工单样式见表2-4。

汽车维修施工单样式 表2-4

×××修理厂施工单

<table>
<tr><td colspan="2">工作单号</td><td colspan="2"></td><td colspan="3">车主电话</td><td colspan="2"></td></tr>
<tr><td colspan="2">车主</td><td colspan="2"></td><td colspan="3">接车日期</td><td colspan="2"></td></tr>
<tr><td colspan="2">车牌</td><td colspan="2"></td><td colspan="3">预约交车日期</td><td colspan="2"></td></tr>
<tr><td colspan="2">车型</td><td colspan="2"></td><td colspan="3">交车日期</td><td colspan="2"></td></tr>
<tr><td colspan="2">派工</td><td colspan="2"></td><td colspan="3">工时费合计</td><td colspan="2"></td></tr>
<tr><td>序号</td><td colspan="2">说明</td><td>作业项目</td><td>工时
(h)</td><td>单价
(元)</td><td>工时费
(元)</td><td>修理工
(签名)</td><td>备注</td></tr>
<tr><td></td><td colspan="2"></td><td></td><td></td><td></td><td></td><td></td><td></td></tr>
</table>

由业务部门根据维修合同中的“维修类别及项目”一栏中的内容开出进行实施维修工作的单据,是维修车间进行维修工作的依据。

业务人员填写施工单时,必须依据维修合同的“维修类别及项目”进行。施工单中的维修项目必须符合维修合同的“维修类别及项目”,不能超越维修合同所规定的维修范围。

车辆在维修过程中,施工单应随车一起流动。维修人员若在维修过程中发现新的问题需要增加维修项目,必须反映给接车的业务人员。新增维修项目,由业务人员与车主取得联系,经车主同意后方可增加。否则,进行该项目所发生的工时费、材料费等一切费用在结算时无法律效力,即未经车主同意增加的维修项目不能进行结算计费。

施工单随着车辆维修竣工，最后返回业务部门。价格结算员进行工时费计算时，按施工单和维修合同，对照施工单中的维修项目是否超出维修合同中“维修类别与项目”一栏中所列出的范围，做出工时结算。

施工单应包括内容：

(1) 工作单号：本次承、托修合同编号；

(2) 车主：车主姓名或单位名称；

(3) 电话：车主联系电话号码；

(4) 车牌：托修车辆号牌号码；

(5) 车型：托修车辆型号；

(6) 接车日期；

(7) 预约交车日期；

(8) 完工交车日期；

(9) 维修类别：指大修、总成大修、维护和小修；

(10) 作业项目：具体作业项目；

(11) 修理工：修理工完成作业项目后签名；

(12) 定额工时：该维修类别与作业项目的定额工时；

(13) 工时费：该维修类别与项目的工时费；

(14) 工时单价：企业明示的工时单价；

(15) 增加作业项目：增加项目、工时数、工时单价、修理工签名、客户签名和备注等栏目；

(16) 序号：本施工单顺序号。

四 工时、材料费结算清单

车辆维修竣工，最后返回业务部门。价格结算员进行工时费计算时，必须提供、工时材料费结算清单。

(1) 工时费结算清单样式见表2-5。

(2) 材料费结算清单样式见表2-6。

工时费结算清单样式　　表 2-5

××省机动车维修工时结算清单

送修单位						
工作单号						
厂牌车型						
序号	维修项目	施工单（份）	单价（元）	工时（h）	工时费（元）	备注
工时费合计：						
单位＿＿＿＿ 签字＿＿＿＿	维修合同号＿＿＿＿ 制　单＿＿＿＿		发票号码＿＿＿＿			

材料结算清单样式　　表 2-6

××省机动车维修材料结算清单

工作单号			车牌			
车主			车型			
序号	材料名称规格	单位	数量	单价（元）	材料费（元）	备注
材料费合计：						
单位＿＿＿＿ 签字＿＿＿＿	维修合同号＿＿＿＿ 制　单＿＿＿＿		发票号码＿＿＿＿			

五 工时定额和收费标准

1. 汽车维修工时定额

汽车维修工时定额是指汽车维修诸多技术经济定额中的一种，是在一定生产技术条件下进行维修作业所消耗的劳动时间标准。它不是具体的作业时间，而是一个劳动时间标准，包括汽车大修工时定额、汽车总成大修工时定额、汽车维护工时定额、汽车小修工时定额、摩托车维修工时定额等。

(1) 汽车大修工时定额：是指对一部汽车完成大修作业所需要的工时限额。汽车大修工时定额应分别按车辆类别、车辆型号，并参考车辆厂牌制定。

(2) 汽车总成大修工时定额：是指对汽车某一总成其大修作业所需要的工时限额。汽车总成大修工时定额应分别按车辆类别、车辆型号，并参考车辆厂牌的总成制定。

(3) 汽车维护工时定额：是指对一部汽车完成维护作业所需要的工时限额。汽车维护工时定额应分别按车辆类别、车辆型号，并参考车辆厂牌的维护级别制定。

(4) 汽车小修工时定额：是指对汽车进行每项小修作业所需要的工时限额。汽车小修工时定额分别按车辆类别、车辆型号，并参考车辆厂牌的每项具体作业制定。

(5) 其他工时定额的特殊规定：

①摩托车维修工时定额。摩托车维修同样属于汽车维修行业范畴。摩托车大修工时定额中已包含机加工工时，结算时不得另加工时。四冲程发动机大修另加不超过 20% 工时，电系项目中若用电起动另加 3 个工时，车身如配驾驶室另加不超过 10 个工时，两缸及以上进口的摩托车大修或发动机大修及小修工时另加不超过 20%。含有冷却系的国产摩托车大修另加不超过 10%。其维修工时定额应分别按车辆类别、摩托车型号，并参考车辆厂牌制定。

②进口或引进技术生产的客、货车整车或总成大修工时按同类国产车工时定额增加不得超过30%。

③卧铺客车车身大修工时按同类客车车身工时增加不超过20%。

④各类双排座车大修,其车头、车身、蓬垫部分的工时按同类车型相应工时增加不超过20%。

⑤带有轮边减速器的车辆,减速器的修理,按原前后桥工时增加不超过20%。

⑥前驱动装置的车辆,驱动装置大修按其同类车前桥工时增加不超过20%。

⑦方向机装有液压助动装置的车辆,其液压助装置大修,按同类车型前桥工时另增不超过20%。

⑧大梁断裂(复加),更换两根以上横梁的,由承托修双方商定后签订维修合同。

⑨装有独立机组装置的车辆,独立机组大修时按相应发动机总成大修工时结算。

⑩装有空调装置的轻型客车大修时增加不超过50个工时,中、大型客车增加不超过100个工时,货车增加不超过40个工时。

⑪全车喷漆工时按硝基漆工艺测算,需烘烤漆的增加不超过原全车喷漆工时10%;金属漆(烘烤)增加不超过20%。

⑫凡三桥以上的车辆大修时,四桥以上每增加一桥按同类车型的后桥与轮胎的工时增加不超过40%。

⑬厢式货车厢视情况按同类车型车身工时增加不超过30%。

⑭自卸车6t(含6t)以上的汽油车,二级维护工时按4~5t汽油车工时增加不超过50%结算。

⑮凡两缸及以上进口摩托车,发动机二级维护工时另加不超过10个工时。四冲程发动机另加不超过20%工时,电器项目中若用电起动另加不超过2个工时。含有冷却系的国产摩托车,二级维护工时另加不超过8个工时,一级维护另加不超过3个工时。

⑯在同一总成件、基础件中，有两项（含两项）以上及附加小修作业同时进行时，该总成件、基础件的拆装工时只允许计算一次。

2. 汽车维修工时单价标准

汽车维修工时单价标准一般是根据维修企业的性质、维修车辆的类型及地区的差异，可按机动车维修协会等行业中介组织统一制定的标准执行，也可按经营者报所在地维修行业管理部门备案后的标准执行，也可按机动车生产厂家公布的标准执行。

当上述标准不一致时，优先适用经营者报所在地维修行业管理部门备案的标准执行。

无上述所列执行标准的，可按照同类企业标准执行，但必须明示，并报所在地维修行业管理部门备案后，方可执行。

第四节　一般财务知识

汽车维修价格结算员除掌握相关的业务知识、礼仪礼节外，还必须掌握一般的财务知识。这些知识主要包括票据、财务结算、现金和支票真伪识别等知识。

一　票据

票据是指由出票人签发的、约定自己或者委托付款人在见票时或指定的日期向收款人或持票人无条件支付一定金额的有价证券，包括支票、本票和汇票。一般来说，票据具有信用、支付、汇兑和结算等职能。

1. 支票

（1）支票及其适应范围：

支票是出票人签发的，委托办理支票存款业务的银行在见票时，无条件支付确定金额给收款人或持票人的票据。单位和个人在同一票据交换区域的各种款项结算均可使用支票。

一般来说，支票可分为转账支票、现金支票两种。转账支票只能用于同城单位之间的商品交易、劳务供应或其他款项往来的结算凭证,不得支取现金;现金支票上印有"现金"字样的支票,是开户单位用于向开户银行提取现金的凭证,不得背书转让。

(2)支票结算的基本规定:

①除定额支票外,支票一律记名,即签发的支票必须注明收款人的名称,并只准收款人或签发人向银行转账或提取现金。在中国人民银行总行批准的地区,转账支票可以背书转让。

②支票的有效期为自出票日起10日,超出有效期的支票即为无效支票。出票日期、收款人名称和出票金额,这三项记载缺一不可,否则也是无效支票,银行不予受理。

③出票人为单位的,出票人签章为该单位在银行预留签章一致的财务专用章或者公章加其法定代表人或者其授权的代理人的签名或者盖章;出票人为个人的,为与该人在银行预留签章一致的签名或者盖章。

④现金支票丧失可以挂失止付,转账支票丧失不得挂失止付。

⑤个人支票的金额起点为100元。起点以下的款项结算一般不使用支票,但解交公用事业费、缴拨基本养老保险基金、住房公积金等,可不受金额起点的限制。

⑥签发支票应使用墨汁、碳素墨水、蓝黑墨水填写或支票打印机打印。

⑦签发人必须在银行账户余额内按照规定向收款人签发支票。不准签发空头支票或印章与预留银行印鉴不符的支票,否则,银行除退票外还要按票面金额处以5%但不低于1000元的罚款,另收2%的赔偿金给收款人。

(3)填写支票的基本要求:

填写时必须做到标准化、规范化、内容真实、要素齐全、数字准确、不错漏、不潦草,防止涂改。

①中文大写金额数字应用正楷或行书填写,不得自造简化字,签发支票应使用墨汁或碳素墨水填写,也可用支票打印机打印。

②中文大写金额数字到“元”为止的，在“元”之后，应写“整”（或“正”）字。在“角”之后可以不写“整”（或“正”）字；大写金额数字有“分”的，“分”后面不写“整”（或“正”）字。

③中文大写金额数字应紧接“人民币”字样填写，不得留有空白。

④阿拉伯小写金额数字中有“0”时，中文大写应按照汉语语言规律、金额数字构成和防止涂改的要求进行书写。

⑤阿拉伯小写金额数字前面，均应填写人民币符号“￥”。阿拉伯小写金额数字要认真填写，不得连写。

⑥出票日期必须使用中文大写，填写位置要规范，不得出现错位、挤压现象，否则就是无效支票。为了防止编造票据的出票日期，在填写月、日时，月为壹、贰和壹拾的，日为壹至玖和壹拾、贰拾和叁拾的，应在其前加“零”；日为拾壹至拾玖的，应在其前加“壹”。如：2 月 18 日应写成：零贰月壹拾捌日；10 月 30 日应写成：零壹拾月零叁拾日。

（4）解缴支票：

①收款人交存支票时应填写二联银行进账单，然后连同支票一并交付银行办理，银行签章后退回一联。

②收款人和出票人在同一行开户的，收款和付款都是当时入账。

（5）禁止单位签发的支票：

①签发支票的金额不得超过付款人实有的存款金额（空头支票）。

②出票的出票人预留银行签章是银行审核支票付款的依据。因此，出票人不得签发与其预留银行签章不符的支票。

③银行还可以审核与出票人约定的使用支付密码，出票人不得签发密码错误的支票。

以上三种情况即签发空头支票、印鉴不符和密码错误。根据人民银行的规定，银行予以退票，并收取票面金额的 5%，但不低于 1000 元的罚款。

（6）支票的背书：

①持票人向其开户行提示付款的，不需做委托收款背书（又称主动

付款，出票人主动到自己的开户行送交支票，付款给收款人）。

②委托收款背书：

被背书人栏填写收款人开户银行的名称。

签章栏填写“委托收款”字样并签章。

③支票转让背书，背书应当连续，也就是指在转让中，转让支票的背书人与受让支票的被背书人在支票上的签章，依次前后衔接。

(7)支票的挂失：

①丢失支票之后，可以采取挂失止付、公示催告、普通诉讼三种形式进行补救。挂失止付是指失票人将丧失票据的情况通知付款人，由接受通知的付款人审查后暂停支付的一种方式，只是一种暂时的预防措施。

②挂失支票的条件是：支票的各项要素必须齐全。

③在挂失时应填写挂失止付通知书并签章。填写内容包括：支票丢失的时间和事由；支票的种类、号码、金额、出票日期、付款日期、付款人名称和收款人名称；挂失止付人的名称、营业场所、住所以及联系方法。

④在挂失支票时交纳票面金额1%，但不低于5元的手续费。

⑤立即到人民法院办理挂失止付。银行暂停止付权限为12日，在这12日内银行没有收到人民法院的止付通知书，自第13日起，挂失止付通知书失效。

⑥在失票人到银行办理挂失止付之前，此支票已经依法向持票人付款了，就不再办理挂失止付了。

2. 银行汇票

(1)银行汇票的含义：

银行汇票是指汇款人将款项交存当地银行，由银行签发给汇款人持往异地办理转账结算或提取现金。银行在见票时按照实际结算金额无条件支付给收款人或者持票人的票据。

(2)银行汇票的基本规定：

①各单位和个人在异地、同地或同一票据交换区域的各种款项结算都可运用银行汇票。

②银行汇票可以用于转账，也可以支取现会。但用于转账的银行汇票不得支取现金，支取现金的银行汇票必须在银行汇票上填明“现金”字样。

③银行汇票的出票人在票据上的签章，应为经中国人民银行批准使用的该银行汇票专用章加其法定代表人或其授权的代理人签名或者盖章。

④签发银行汇票必须记载：表明“银行汇票”的字样、无条件支付的承诺、出票金额、收款人名称、出票日期、出票人签章等。欠缺记载以上事项之一的，银行汇票无效。

⑤银行汇票的有效期自出票日起 1 个月，其持票人超过有效期的，银行不予付款。

⑥填明“现金”字样和代理付款人的银行汇票丧失，可以由失票人通知付款人或者代理付款人挂失止付；未填明“现金”字样和代理付款人的银行汇票丧失不得挂失止付。

（3）如何办理银行汇票：

①申请人使用银行汇票，应向出票银行填写“银行汇票申请书”，填明收款人名称、汇票金额、申请人名称、申请日斯等项目并签章，要预留银行的签章。

②申请人和收款人均为个人，需要使用银行汇票向代理付款人（兑付行）支取现金的，申请人须在“银行汇票申请书”上注明代理付款人名称，在“汇票金额”栏先填写“现金”字样，后填写汇票金额。

③申请人或收款人为单位的，不得办理“现金”汇票。

④签发转账银行汇票，不得填写代理付款人（兑付行）名称；签发现金银行汇票，申请人和收款人必须均为个人，在银行汇票“出票金额”栏先填写“现金”字样，后填写出票金额，并填写代理付款人名称。

（4）解缴银行汇票：

①收款人收到银行汇票之后，应在出票金额以内，将实际结算金额和多余金额准确、清晰地填入银行汇票和解讫通知的有关栏内。未填写

实际结算金额和多余金额或实际结算金额超出票面金额的银行汇票,银行不予受理。

②银行汇票实际结算金额不得更改,更改了实际结算金额的银行汇票无效。

③持票人向银行提示付款时,必须同时提交银行汇票和解讫通知,缺少任何一联,银行不予受理。

④持票人向银行提示付款时,应在汇票的背面"持票人向银行提示付款签章"处签章,签章须与预留银行签章相同,并将银行汇票、解讫通知和进账单一同送交银行。

⑤持票人是未在银行开立账户的个人,可以向所选择的任何一家银行提示付款。提示付款时,应在汇票的背面"持票人向银行提示付款签章"处签章,并填写本人身份证名称、号码及发证机关,由其本人向银行提交本人身份证及其复印件。

⑥银行汇票的实际结算金额低于出票金额,即有多余金额的,其多余金额由出票银行退交申请人。

⑦申请人因银行汇票超过付款提示期限或因其他原因要求退款时,应将银行汇票和解讫通知同时提交到出票银行,做未用退回处理。申请人为单位的,应出具该单位的证明;申请人为个人的,应出具该本人的身份证件。此证明或证件也同时提交出票银行。

⑧银行汇票的背书和挂失与支票相同。

二 财务结算

1. 同城结算与异地结算

国内转账结算按交易双方所处的地理位置分为同城结算和异地结算两种。

(1)同城结算:

同城结算是指同一城镇内各单位之间发生经济往来而要求办理的转账结算。同城结算有支票结算、委托付款结算、托收无承付结算和同城托收承付结算等。其中，支票结算是最常用的同城结算手段。

(2)异地结算：

异地结算是指不同城镇的各单位之间发生经济往来而要求办理的转账结算。异地结算基本方式有异地托收承付结算、信用证结算、委托收款结算、汇兑结算、银行汇票结算、商业汇票结算、银行本票结算和异地限额结算等。其中，异地托收承付结算、银行汇票结算、商业汇票结算、银行本票结算和汇兑结算是最常用的异地结算手段。

2. 现金结算与转账结算

货币结算按其支付方式的不同，可分为现金结算和转账结算两种。

现金结算，是发生经济行为的关系人直接使用现金结清应收付款项的行为。

转账结算，是发生经济行为的关系人使用银行规定的票据和结算凭证，通过银行划账方式，将款项从付款单位账户划到收款单位账户，以结清债权债务的行为。转账结算是货币结算的主要方式。转账结算的主要信用工具有：支票、汇兑、委托收款、银行汇票、商业汇票、银行本票和信用卡7种。支票结算是最常用的同城结算方式。

支票结算流程如下：

(1)开立账户办理支票结算。

(2)付款人根据商品交易、劳务供应或其他经济往来向收款人签发支票。

(3)收款人将商品发运给付款人，或向付款人提供劳务服务。有时，根据实际情况，收款人在未接到支票的情况下，先提供商品或劳务服务，后收取支票。

(4)收款人将支票送交开户银行入账。

(5)收款人开户银行向付款人开户银行提出清算。

(6)付款人开户银行根据有关规定划转贷款或劳务服务款。

(7)付款人开户银行给收款人收妥款项后，通知收款人入账。

(8)付款人与开户银行定期对账。

3. 结算发票的分类

发票是单位和个人在购销商品、提供或者接受服务以及从事其他经营活动中,开具、取得的收付款凭证。发票根据其作用、内容及作用范围的不同,可以分为普通发票和增值税专用发票两大类。

1)普通发票

普通发票作为在购销商品、提供或者接受服务以及从事其他经营活动中开具、收取的收付款凭证,只是一种商事凭证,只开具交易数量、价格等内容,不开具税金,使用范围比较广泛。其基本联次为三联:第一联为存根联,开具方留存备查;第二联为发票联,收执方作为付款原始凭证,填开后的发票联要加盖财务印章或发票专用章;第三联为记账联,开票方作为记账原始凭证。

国家税务局负责征收管理的税收所需使用的普通发票,由国家税务局负责印制、发放和管理;地方税务局负责征收管理的税收所需使用的普通发票,由地方税务局印制、发放和管理。发票防伪专用品的生产和发票防伪措施的采用,全国统一发票监制章,由国家税务总局确定。

从事生产经营并依法办理税务登记的单位和个人,在领取税务登记证后,都有资格向主管税务机关申请领购发票。

销售商品、提供劳务以及从事其他经营活动的单位和个人,对外发生经营业务收取款项,收款方应向付款方开具发票;特殊情况下,由付款方向收款方开具发票。这是发票使用的关键环节,直接决定着发票使用的合法性、正确性和真实性,税务机关对此制定了严格的监管规定。

(1)开具发票有如下一般规定。

①发票限于领购单位和个人自己填用,不准买卖、转借、转让、代开。向消费者个人零售小额商品,也可以不开发票,如果消费者索要发票则不得拒开。

②开具发票要按照规定的时限、顺序、逐栏、全部联次一次性如实开具,并加盖单位财务印章或者发票专用章。未经税务机关批准,不得私

自拆下使用发票。

③填开发票的单位和个人必须在发生经营业务确认经营收入时开具发票，未发生经营业务一律不准开具发票。发票只能在工商行政管理部门发放的营业执照上核准的经营业务范围内填开，不得自行扩大专业发票使用范围。填开发票时，不得按照付款方的要求变更商品名称金额。

④开具发票应当使用中文。民族自治地区可以同时使用当地通用的一种民族文字，外商投资企业和外国企业可以同时使用一种外国文字。

(2)开具发票有如下特殊规定。

①用票单位和个人在整本发票使用前，要认真检查有无缺页、错号、发票联无发票监制章或印刷不清楚等现象，如发现问题应报税务机关处理，不得使用。整本发票开始使用后，应做到按号顺序填写，填写项目齐全，内容真实，字迹清楚。填开的发票不得涂改、挖补、撕毁。如发生错开，应将发票各联完整保留，书写或加盖“作废”字样。

②开具发票后，发生销货退回的，在收回原发票并注明“作废”字样，或取得对方有效证明后，可以填开红字发票；发生销售折让的，在收回原发票并注明“作废”字样后，重新开具销售发票。

③使用计算机开具发票，须经主管税务机关批准，并使用税务机关统一监制的打印机打发票，开具后的存根联要按照顺序号装订成册。

(3)跨地区使用发票和发票流动有如下规定。

①发票限于领购单位和个人在本省、自治区、直辖市内开具。省级税务机关可以规定跨市、县开具发票的办法。

②根据税收管理需要，须跨省、自治区、直辖市开具发票的，由国家税务总局确定。省级毗邻市县之间是否允许跨省、自治区、直辖市开具发票的，由有关省级税务机关确定。

③未经税务机关批准，任何单位和个人不得跨规定的使用区域携带、邮寄、运输空白发票。

④禁止携带、邮寄或者运输空白发票出入境。

(4)普通发票使用登记、缴销和保管有如下制度:

①为了便于加强发票使用的管理,开具发票的单位和个人,应建立发票使用登记制度,设置发票登记簿,并定期向主管税务机关报告发票使用情况。

②开具发票的单位和个人,发生转业、改组、分设、合并、联营、迁移、破产、歇业以及改变主管税务机关的情况,在办理变更或注销税务登记的同时,要办理发票和发票领购簿的变更、缴销手续。对原领购未用的发票要进行清理,报主管税务机关缴销或更换,不得自行处理。

③开具发票的单位和个人,都应建立健全发票保管制度,设专人负责,专柜存放,防止丢失损毁,定期进行盘点,保证账实相符。对已填用的发票存根要和空白发票一样妥善保管,不得擅自销毁。已经开具的发票存根联和发票登记簿,应保存五年。保存期满,报经税务机关检查验证后方可销毁。

④实行"验旧换新"制度的用票单位和个人,其发票的缴销与领用是相衔接的,即领购新发票时,要向税务机关缴销已经填用完毕的发票存根。

⑤用票单位或个人丢失发票,应于丢失当日书面报告主管税务机关,并在报刊和电视等传播媒介上公开声明作废。

2)增值税专用发票

增值税专用发票,是为加强增值税的征收管理,根据增值税的特点而设计的,专供增值税一般纳税人销售货物或应税劳务使用的一种特殊发票。依据《中华人民共和国增值税暂行条例》第一条规定:在中华人民共和国境内销售货物或者提供加工、修理、修配劳务以及进口货物的单位和个人,为增值税的纳税义务人,应当依照本条例缴纳增值税。我国增值税纳税人分为两类:增值税一般纳税人和小规模纳税人。增值税专用发票只限于经税务机关认定的增值税一般纳税人领购使用,增值税的小规模纳税人和非增值税纳税人不得使用。一般纳税人销售货物或者应税劳务，应当向购买方开具增值税专用发票。但以下情形不得开具专用发票：向消费者销售货物或者应税劳务；销售免税货物；销售报关出口的货物、在境外销售应税劳务；将货物用于非应税项目；提供非应税劳务（应当征收增值税的除外）、转让无形资产或销售不动产；将货物用于集体福利或个人消费将货物无偿赠送他人（根据要求可以开具）。

一般纳税人向小规模纳税人销售应税项目，可以不开具专用发票。

增值税小规模纳税人原则上不能使用增值税专用发票，但能够认真履行纳税义务的小规模企业，销售货物或提供应税劳务需要填开增值税专用发票的，经县（市）税务机关批准，可由税务所代开增值税专用发票。

增值税专用发票，统一由国家税务总局委托中国人民银行印钞造币总公司印制，其他任何单位和个人都不得私制专用发票的样式，或印制专用发票。

增值税专用发票只限于增值税一般纳税人领购使用。增值税纳税人只有在办理一般纳税人的认定手续之后，才有资格申请领购增值税专用发票。

纳税人在申请领购增值税专用发票时，应提供经办人身份证明、《增值税纳税人税务登记证》或盖有“增值税一般纳税人”确认章的普通《税务登记》副本、财务印章或发票专用章的印模，经主管税务机关审查后，核发专用发票领购簿。纳税人可以凭专用发票领购簿，按核准的数量、购票方式领购增值税专用发票。

一般纳税人到外县（市）销售货物或者应税劳务，应当向其机构所在地的主管税务机关申请开具外出经营活动税收管理证明，并向其机构所在地的主管税务机关申报纳税；未开具证明的，应当向销售地或者劳务发生地的主管税务机关申报纳税；未向销售地或者劳务发生地的主管税务机关申报纳税的，由其机构所在地的主管税务机关补征税款。

对未核发《专用发票领购簿》的单位和个人，一律不售给增值税专用发票。

(1)增值税一般纳税人在填开增值税专用发票时,必须按下列要求开具。

①使用国家税务总局统一印制的专用发票,不得开具伪造的增值专用发票。

②按规定的使用范围、时限填开。

③字迹清楚、项目填写齐全、内容正确无误。

④不得涂改。如果填写有误,应另行开具增值税专用发票,并在填写错误的专用发票上注明“误填作废”四字。如果专用发票填开后因购货方不索取而成为废票的,也应按填写有误办理。

⑤一份发票一次填开完毕,各联内容、金额完全一致。

⑥发票联、抵扣联加盖开票单位的财务专用章或发票专用章。

⑦不得私自拆下使用专用发票。

(2)开具专用发票有如下具体要求。

①“销售单位”和“购货单位”栏要写全称,“纳税人登记号”栏必须填写购销双方新15位登记号码,否则不得作为扣税凭证。

②“计量单位”栏应按国家规定的统一“计量单位”填写,“数量”栏按销售货物的实际销售量填写,“单价”栏必须填写不含税单价,纳税人如果采用销售额和增值税额合并定价方法的,应折算成不含税价。

③“金额”栏的数字应按不含税单价和数量相乘计算填写。计算公式为:

“金额”栏数字=不含税单价×数量

④“税率”栏除税法另有规定外,都必须按税法统一规定的货物的适用税率填写。

⑤“税额”栏应按“金额”栏和“税率”栏相乘计算填写。计算公式为:

“税额”栏数字=金额×税率,或“税率”栏数字=单价×数量×税率

⑥税务所为小规模企业代开增值税专用发票，应在专用发票“单价”栏和“金额”栏分别填写不含其本身应纳税额的单价和销售额；“税率”栏填写增值税征收率6%；“税额”栏填写其本身应纳的税额，即按销售额依照6%征收率计算的增值税额。

(3)增值税专用发票的开具时限如下规定。

①采用预收货款、托收承付、委托银行收款结算方式销售货物的，专用发票的开具时间为货物发出的当天。

②采用交款提货结算方式销售货物的，专用发票的开具时间为收到货款的当天。

③采取赊销、分期付款结算方式销售货物的，专用发票开具时间为合同约定收款日期的当天。

④采取其他方式销售货物、应收劳务或按税法规定其他视同销售货物的行为应当开具专用发票的，应于货物出库、移送或劳务提供的当天填开专用发票。

(4)纳税人销售货物并向购货方开具专用发票以后，发生退货或销售折让时，应根据具体情况来办理。

①购货方尚未付款，并且未作账务处理。在这种情况下发生退货，销货方应收回原填开的专用发票的发票联和抵扣联，在各联上都注明“作废”字样，作为扣减当期销项税额的凭证。

②购货方尚未付款，并且未作账务处理。在这种情况下发生销售折让，销售方应收回原填开的专用发票，按折让后的货款重新填开专用发票。

③购货方已付货款，或者货款未付但已作财务处理。在这种情况下发生退货或销售折让、发票联及抵扣联无法退还，这时购买方必须取得主管税务机关开具的《进货退出及索取折让证明单》，送交销货方作为其开具红字专用发票的依据。红字专用发票的存根联、记账联作为销货方扣减退货当期销项税额的凭证；发票联和抵扣联作为购货方减扣进项税额的凭证。

三 现金、支票真伪识别

1. 现金真伪识别

1)察看水印

水印是在造纸过程中,运用特殊技术使纸纤维堆积密度不均匀而形成厚薄不同的印迹,在阳光或灯光透视下,钞票的水印可以显示出明暗错落、层次分明的图案、图形。

2)观察安全线

安全线在造纸过程中运用特殊技术,在固定位置夹入纸中,由特殊材料制作的线体,并使此线体成为纸张的结构组成部分。由于安全线技术的广泛发展,目前有多种安全线。比如:不透明塑料安全线,是一种不透明灰白色塑料薄膜或涤纶薄膜制作的线;不透明虚线型安全线,是迎光透视可看到由点组成的虚线;缩微文字安全线,是将缩微文字印在安全线,迎光或用放大镜可看到安全线上的文字;多色安全线,是在一条安全线上可有红、绿、蓝等多种颜色;荧光安全线,是在普通光透视下可见到暗色的安全线,如用紫外线光透视,则显示明亮的蓝白色荧光或分段不同颜色光的线;不可见安全线,是在普通光透视下看不见,而通过特别的机器则可显示的安全线。

3)检查钞票纸

印制人民币的纸张是特制的纸张,一般叫做钞票纸。这种纸张质地好、挺括,表面光洁、细腻。如果纸的质地绵软,表面不光洁,能看出纸的纤维,则是假钞。

4)察看图纹、图像

从图纹、图像上与真人民币进行比较,观察有无差异。

5)手摸雕版凹印

用手触摸票面的雕版凹印部分的图案、图形,真钞应该有凹凸的感觉,而假钞则一般没有。

6)手摸盲文点

用手触摸盲文点，如有凸出的感觉，并能辨认出盲文点的个数和排列形状与真币相符，则可能是真的，否则肯定是假的。

7）耳听抖动声音

手持钞票凭空抖动，真的人民币能发出清脆的声音，假币一般会发出沉闷的声音。

8）使用验钞机

用机器检测，一般可与点钞相结合。

（1）点钞机的使用步骤。

①接通计算显示开关，看记数器显示数码管的读数是否为"0"，数码管是否亮。

②接通电动机开关，使整机运转，运转时应无金属撞击声。

③移动拨杆，按清点钞票的面积调整接钞台的幅度。

④清点的钞票扇开一点（特别是库房票券更应扇开），然后放进滑钞板内并注意平正，不要紧靠一边，以便钞票分张。

⑤清点时，要让钞票自动下滑，切不可用手往下压挤钞票，以防止下双张，注意力要放在输送带上，以监视不同券别混杂，发现时即关机检出。

⑥滑钞板内的钞票清点完毕后，看显示器读数。然后把接钞台的钞票取出捆扎。

（2）点钞机日常维护注意事项。

①开箱时，先把随机配件取出，然后平稳取出机器，检查可见部件有无变形损坏，才能接通电源，试进行数分钟，机器应运行稳定，噪声小，试点钞票准确。

使用时必须安装良好的接地线，以确保计数显示和人身安全。本机器一般装用的熔断丝额定值为1A，不应过大。

②每日营业终止，应拔掉电源插头，用毛刷清扫机器，然后把防尘罩盖上。遇有故障，应请维修人员检查修复。

③开关机间隔时间，应大于3s。

9)新版面值100元券的大众防伪特征

新版(第五套)人民币100元券大众防伪特征主要有以下10个方面:

①固定人像水印:在新版100元券正面左侧空白处,通过迎光透视,可以看见与主景人像相同,并具有层次丰富、立体感很强的毛泽东头像水印。

②红、蓝彩色纤维:从新版100元券票面空白处可以清晰地看到纸张中有红蓝两色短纤维。这些纤维不规则地分布在纸张中,与纸张很好地结合在一起。

③磁性微文字安全线:迎光观察可见新版100元券正面中间偏左有一条带有缩微文字"RMB100"字样的磁性安全线。

④手工雕刻头像:正面主景毛泽东头像,采用具有中国传统特色的手工雕刻技术,形象逼真、传神、层次丰富、凹凸感强,具有较强的立体感和独特的艺术效果。

⑤隐性面额数字:在新版100元券正面右上方有一椭圆形图案,将钞票置于眼睛近于平行的位置,面对光源做平面旋转45°或90°角,即可看到面额数字"100",当与票面垂直角度观察其为绿色,而倾斜一定角度则变为蓝色。

⑥光变油墨面额数字:在新版100元券正面左下方用新型油墨印刷了面额数字"100",当与票面垂直角度观察其为绿色,而倾斜一定角度则变为蓝色。

⑦阴阳互补对印图案:在票面正面左小角和背面右下方各有一圆形局部图案,透光观察,正背图案组合成一个完整的古钱币图案。

⑧雕刻凹版印刷:票面正面毛泽东头像、行名、额字、盲文标记及背面主景人民大会堂、汉语拼音行名、少数民族文字等均采用雕刻凹版印刷,用手指触摸有明显的凹凸感。

⑨横竖双号码:新版100元券正面印有横竖双号码(均为两位冠字、八位号码),其中横号码为黑色,竖号码为蓝色。

⑩胶印缩微文字：票面正面上方椭圆形图案中，多处印有“RMB”和“RMB100”的缩微文字字样。

2. 支票真伪识别

现行经常使用的支票有转账支票和现金支票两种。填写支票时，要提高警惕，防止坏人用盗取的支票或伪造的支票进行诈骗，所以业务接待时要注意识别支票真伪。

要准确识别支票真伪，必须注意以下几点：

(1)检查支票号码，是否是丢失单位挂失的(业务接待员应随时注意当地报纸有关挂失的声明)支票。

(2)检查支票是否有效，要防止购货单位填写空头支票、过期支票或借入支票等。使用大额支票最好由购货单位到所在银行办理签字手续。

(3)了解购货用途是否正常。

(4)检查支票上的印鉴是否齐全、清晰。要检查转账支票上开户行、账号、印章、签字和号码是否清晰齐全，是否有涂改。凡有涂改均作废。

(5)必要时，可要求购货单位的经办人出具身份证、介绍信等。

(6)填写支票必须字迹清晰、端正、日期准确，大小写金额准确相符，用途写明。对支票上的各栏目都要按要求填写全，并填写清楚。

四 损伤人民币的挑剔标准

维修企业应将收进的钞票分券整理，对以下几种人民币损伤情况，应及时挑出整理，集中送存银行，不应继续流通使用。

(1)票面缺少部分损及行名、花边、字头、号码、国徽之一的或缺角的。

(2)票面有孔洞直径大于 10mm 的。

(3)裂口长度超过票面长度(或宽度)1/5 的或损及花边、图案的。

(4)票面纸质软、较旧的。

(5)因票面断裂而粘补的。

(6)由于油浸、墨渍等造成脏污面积较大(大于 $1cm^2$)或涂写字迹过多,妨碍票面整洁的。

(7)票面变色严重影响图案清晰的。

(8)币残缺、穿孔、变形、磨损、氧化损坏花纹的。

五 发现假币如何处理才合法

按照中国人民银行的规定,单位的财会出纳人员和其他人员在收付现金时,如果发现可疑币和假币,不得随意加盖假币戳记和没收,而应当向持币人说明情况,开具载明面值和号码的临时收据,连同可疑币或假币及时报送有假币鉴定权的金融机构进行鉴定。经鉴定确属假币的,由金融机构工作人员当着顾客的面予以收缴,并当面加盖"假币"字样的戳记,登记造册,向持有人出具中国人民银行统一印刷的收缴凭证。

第三章 汽车维修价格结算的计算方法

第一节 汽车维修价格结算的程序

汽车维修费用的正确结算是价格结算员必须掌握的基本知识和技能，也是价格结算员的主要工作职责。因此，每个价格结算员必须认真执行本企业向社会明示的汽车维修价格。如果没有制定相关的收费标准则必须遵循汽车维修费用结算的有关规定。

据有关资料统计，至 2011 年浙江省汽车保有量已突破 660 万辆，汽车在人们的生活中越来越重要了，维修行业的运作显然应该越来越规范，因为行业 0.1% 的失误，对于用户来说却是百分百的损害。随着社会主义市场经济的不断完善，公民的维权意识也在不断增强。汽车维修费用的正确结算也就成为目前汽车维修行业经济纠纷的焦点问题。为了规避纠纷，保护承、托修双方的权益，一般都在维修车辆前签订有汽车定点维修协议或预算合同。目前，许多维修企业都实行了汽车维修的预检制度，因此维修价格结算的依据在很大程度上来自于预检时所达成的汽车维修价格预算合同内。在结算前只需要了解此车是否与本维修单位有汽车定点维修协议即可。若有协议则按汽车定点维修协议中的规定办理结算，程序如下：

(1) 先查看汽车维修价格预算合同，按合同内容审核维修作业项目是否合理，项目增减部分是否已经征得托修方的同意并认可。

(2) 确定维修班组长和检验员的竣工认可签名，确定维修项目及工时费、外加工费和各工种所领用的材料单据无误后，填写工时、材料结算明细表。

(3)收取维修费用后把发票联和提车联交给托修方作财务凭证。与本维修单位有汽车定点维修协议的则按规定办理结算,但必须办理有效的提车手续和提车人签名。

(4)最后由质检员出具汽车维修竣工出厂合格证(含质量保证卡);建立并向车主提供汽车维修检验记录、技术数据表等汽车维修技术档案。

结算程序结束后还应当做好汽车维修价格预算合同、维修换件记录、费用支出记录的存案工作,以便承、托修双方因结算收费发生争议时可由物价管理或行业管理机关依据以上资料进行调解。调解无效后,还可由人民法院裁决。

第二节　汽车维修价格结算的计算方法

实行综合收费的汽车维修企业,收费方式比较明确,在此不作详细说明。以下介绍的汽车维修价格结算的计算方法主要针对未向社会公开服务项目和收费标准的实行分类收费的维修企业,并以××省《机动车维修行业工时定额和收费标准》(以下简称“标准”)为例,介绍汽车维修价格的结算方法。

一 汽车维修工时费的计算

汽车维修工时费的收入,表现在汽车维修业务中,主要是汽车维修工时费的收入。汽车维修工时费是按照汽车维修行业的工时定额和工时单价作为计算价格的依据,这是与其他行业不同的一个显著特点。

工时费的基本计算公式为:

汽车维修工时费＝工时定额×工时单价

1. 工时定额

工时定额是对维修工人不同作业项目制定的劳动定额。它是在维修企业组织生产的条件下，为保质保量地完成修车任务而规定的一种劳动消耗量的标准。

根据交通运输部规定，汽车维修企业可按机动车维修协会等行业中介组织统一制定的标准执行，也可按经营者报所在地维修行业管理部门备案后的标准执行，也可按机动车生产厂家公布的标准执行。

当上述标准不一致时，优先适用经营者报所在地维修行业管理部门备案的标准执行。

无上述所列执行标准的，可按照同类企业标准执行，但必须明示，并报所在地维修行业管理部门备案后，方可执行。

浙江省汽车维修行业工时定额分为 10 种：

(1)汽车大修工时定额；

(2)汽车二级维护、一级维护、走合维护工时定额；

(3)事故车修复工时定额；

(4)汽车专项修理工时定额；

(5)摩托车大修、维护、小修工时定额；

(6)汽车小修分项收费标准；

(7)车辆综合性能检测分项收费标准；

(8)电子仪器故障诊断检测收费标准；

(9)事故车辆施救收费标准；

(10)汽车其他维护项目收费标准。

后五种收费标准把工时定额直接按货币形式结算，对其他维修项目，企业也可按照此方法明示收费。

结算工时时，应根据车型分类，按不同维修项目去查找。在确定汽车维修工时定额时，应考虑到维修车型的类型和技术复杂程度。按国家车型分类标准(GB/T 3730.1—2001)，货车按吨位分类，客车按长度分类，轿车按发动机排量分类。例如轿车按发动机排量分微型、普通型、中级、中高级和高级五种。维修工时定额随车型级别的提高而提高，工时费也相应提高。这是因为维修技工的技术知识、技能和分析解决千变万化的各种技术难题,决定了维修技术与一般的体能型劳务不同。维修价格应当考虑维修劳务中的智力和技能,这也是汽车维修业与一般行业不同的地方。例如,一辆丰田跑车报修自动变速器高速无四挡,进厂后,车主要求变速器大修。但进厂后用解码仪及人工解码诊断后发现换挡电磁阀不工作,进一步检查发现该变速器电脑集成块烧毁,更换电脑集成块后故障消除。由于修理厂有较先进的设备,能科学地诊断汽车故障,并能“对症下药”,从而为用户减少了变速器大修的直接费用共计8000多元。

对于特殊车型在“标准”中基准工时定额可上下浮动的有:

(1)进口或引进技术生产的客、货车整车或总成大修工时按同类国产车工时定额增加不得超过30%。

(2)厢式货车视情况按同类车型车身工时增加不超过30%。

(3)卧铺客车车身大修工时按同类客车车身工时增加不超过20%。

(4)各类双排座车大修,其车头、车身、蓬垫部分的工时按同类车型相应工时增加不超过20%。

(5)带有轮边减速器的车辆,减速器的修理,按原前后桥工时增加不超过20%。

(6)前驱动装置的车辆,驱动装置大修按其同类车前桥工时增加不超过20%。

(7)方向机装有液压助动装置的车辆,其液压助装置大修,按同类车型前桥的工时另外增加工时不超过20%。

(8)装有独立机组装置的车辆,独立机组大修时按相应发动机总成大修工时结算。如:车载流动发电机汽车。

(9)凡是三桥以上的车辆大修时,四桥以上每增加一桥按同类车型的后桥与轮胎的工时增加不超过40%。

(10)自卸车6t(含6t)以上的汽油车,二级维护工时按4~5t汽油车工时增加不超过50%结算。

(11)装有空调装置的轻型客车大修时增加不超过50工时,中、大型客车增加不超过100工时，货车增加不超过40工时。

(12)凡是两缸及以上进口摩托车，发动机二级维护工时另加不超过10工时。四冲程发动机另加不超过20%工时，电器项目中若用电起动摩托车另加不超过2工时。车身如配驾驶室另加不超过10工时。含有冷却系的国产摩托车，二级维护工时另加不超过8工时，一级维护另加不超过3工时。

其他情况可上下浮动的有：

(1)大梁断裂(复加)，更换两根以上横梁的，由维修企业、车主双方商定后签订维修合同。

(2)全车喷漆工时按硝基漆工艺测算，需烘烤漆的增加不超过原全车喷漆工时10%；金属漆(烘烤)增加不超过20%。

(3)各地区小修项目收费标准可上下浮动20%，具体由市(地)交通、物价部门确定。

(4)各类小修项目不实行工时定额收费，直接按项目实行维修费综合结算。根据优质优价原则，小修项目综合收费标准以一类维修企业收费标准为基准，二类维修企业按一类企业收费标准乘以0.8系数收费，三类维修业户按一类企业收费标准乘以0.5系数收费。有相关拆装的工时另加。

2. 工时单价

汽车维修行业的工时单价是按照维修企业的类别确定的。例如按照“标准”：一类维修企业为10元/工时，可上下浮动30%；二类维修企业为8元/工时，三类维修企业为5元/工时，机加工、车辆急修14元/工时，可上下浮动20%。其中一、二类维修工时单价不含辅料费，三类和机加工、车辆急修含辅料费。每一类别的工时单价上下浮动的比率，必须明示并报行业管理部门备案后，方可实施。不同类别的维修企业，其生产规模、投资、技术力量、管理水准、生产占用资金和各种费用支出、上缴税利的差别很大，所以由维修企业根据自身的实际自主定价，可以促进企业提高服务质量和服务水平，也方便企业进行统一的价格结算。

例如,某一类维修企业工时单价按"标准"规定为7～13元/工时(不含辅料费),其接待室挂牌的工时费结算为10元/工时,国庆放假期间该维修企业的一位定点维修用户前来大修发动机,在汽车定点维修协议中明确工时单价为8元/工时(不含辅料费,机加工、急修工时单价可再协商定价),但本次维修与车主签订的预算合同中明确的工时单价为10元/工时(不含辅料费,包括机加工费),那么结算时就必须每项维修费用都按10元/工时(不含辅料费)计算,不能再上浮20%的急修费用。

二 汽车维修材料费的计算

汽车维修材料费是指汽车维修过程中实际消耗的外购件费(包括汽车配件、辅助材料、漆料、油料等)和自制配件费(其中漆料、油料按实际消耗结算)。

1. 车辆维修材料提供方式

车辆维修所需的原材料和零配件,原则上应由承修方负责提供,但机动车维修经营者应当建立采购配件登记制度,记录购买日期、供应商名称、地址、产品名称及规格型号等,并查验产品合格证等相关证明。企业的结算员应掌握主要材料的名称、型号、规格和品种,对不同材料的价格要做到心中有数,要了解它们之间的差别,同型号不同规格、同名称不同品种、同品种不同产地和进货渠道的配件材料,它们的价格往往不同。在结算材料费用时,不得张冠李戴,必须按照明示或合同价格进行结算。

对没有明示的材料价格,在结算时要注意以下几种情况:一是材料从汽车制造厂或配件生产厂进货的,往往是以出厂价或批发价给了维修企业,在向用户收取材料费时,应按出厂价或批发价的实际价格进行结算,不得按当地可加价的市场价进行结算。二是以较低的零售价进库的配件材料,也应按零售的实际进价进行结算,不能按较高的市场价结算。三是维修企业设立的配件门市部,配件材料先是经过门市部加价后再进入企业的材料库，企业再加价采取双重计价获取高额利润，这也是违规的。材料在内部多环节周转，只会增加配件材料的服务费，给用户加重经济负担，降低了企业信誉，从长远看实在是得不偿失。四是迁就用户，采取虚造材料清单，增加配件材料数量，弄虚作假，收取超额配件材料费，以迎合公费修车用户的私利，以获得回扣和日用品等等，这是与结算员职业道德相违背的违法乱纪行为。

若托修方坚持要自己提供部分原材料或零配件，则托修方必须按合同规定的品种、规格、数量、质量、时间提供，承修方对托修方提供的原材料或零配件应及时检验，不符合要求的即通知托修方调换或补齐。因托修方责任延误维修期限由托修方负责。承修方对托修方提供的原材料和零配件不得擅自调换，不得偷换车辆原有的零配件。擅自调换托修方提供材料、零配件或车辆原有的零配件，托修方有权拒收竣工车辆，承修方应当赔偿托修方因此蒙受的损失。以上内容必须在合同中以文字的形式体现出来，并签字认可。

2. 汽车维修材料费计算范围

(1) 外购配件必须是本车在本次修理中实际所发生的向外部门购入的配件。外购配件必须入库建账，建账时必须分项分次按供货单位提供清单如实填写。库内要有进出账目，领用要有领料单。对于每次修理记账定期付款的车辆，也要分项记清，便于查实，减少矛盾。

(2) 自制配件是指汽车零件，而不是标准件，自制配件必须通过技术检验合格。装车前，应征得托修方同意认可。例如，某车右转向节螺母划牙不能继续使用，但换总成需一大笔费用，因此修理厂为该车自制了一只螺母并进行了热处理。该螺母属于标准件，因此不能按自制配件处理，而只能按加工费用结算。维修企业在材料费结算清单上应注明是自制配件，按实际制造成本价结算或按用户同意的价格结算。

实际制造成本价包括：加工工时费、材料费、材料损耗费、热处理费、检验费等。其中也包含了材料服务费和利润，所以自制配件费在按制造成本价收取后，不得再收取配件材料的服务费。最高不超过同类新件现行市场零售价的50%。

(3)修旧件是指造成部件损坏后完全失去功能,经修复后符合质量标准的基础件、总成件(不包括标准件)。修旧件只能是基础件、总成件(何谓基础件、总成件,请查看“标准”中的汽车总成及其零部件划分表)。

例如,某汽车变速器壳输出轴承孔磨损,导致轴承外圆松动,镗孔、镶套的修复后可以使用。虽然变速器壳为基础件,但镗孔、镶套属于正常修理,因此不能按修旧件费结算。如果是变速器壳破裂后失去功能,通过焊接、热处理、机加工加固等作业后符合质量标准,可按修旧件费结算,但其价格不能超过当地同类新件零售价的50%,不准收取材料服务费。修旧件的使用必须征得托修方同意后方可使用。

(4)漆料:漆料用量在费用结算中必须按实际消耗量进行计算。不同类别的维修企业,由于技术条件、装备条件不同,用漆的量也会不同。在维修中由于车型不一,因此其用漆料品牌、漆的质量也会不同。汽车本身的表面损坏程度也有很大的差别,因此,全车涂喷漆的消耗应按实际消耗量结算。

油漆质量必须达到有关技术标准的要求,达不到要求的,不能结算涂喷漆费。在“标准”中全车喷漆工时按硝基漆工艺测算。如需烘烤漆,按“标准”中实施说明执行。如采用普通漆(醇酸漆)工艺,按全车喷漆工时定额的1/2结算。汽车维护、小修及事故车辆维修的补漆收费,如小于1m^{2}按1m^{2}计算,大于1m^{2}不足2m^{2}按2m^{2}计算,以此类推。各类车型补漆收费,如表3-1所示。

各类车型补漆费用 表3-1

轿　车	客　车	货　车
普通漆250元/m^2	普通漆150元/m^2	普通漆100元/m^2
金属漆300元/m^2	金属漆300元/m^2	——

这里要特别注意，补漆已包含材料费，所以不得再向用户收取漆料费用。目前，全车喷漆、补漆都是维修企业和车主协商议价直接进行货币结算较多。如五十铃双排座小货车的全车烤漆的价格一般在1500～2000元（主要考虑汽车本身的表面损坏程度确定）。

（5）油料在该车额定容量范围内按实际消耗量结算。额定容量是指该车说明书中所规定的容量。

部分车型发动机和变速器的额定用油量见表3-2。

部分车型发动机、变速器额定用油量　　表3-2

车型 油料	宇通12m客车	斯太尔1491卡车	别克新君威2.0L	丰田凯美瑞240V	悦动1.6GLS
发动机	17L	23L	5.2L	4.3L	3.6L
变速器	11.5L	13L	8.0L	3.5L	6.8L

特别注意：这里指的油料是指为保证车辆的使用技术状态，更换或添加的汽油、柴油、机油、制动油、齿轮油等，同辅料中清洗用油要严格区别，不得混为一谈。同时材料清单必须规范并填写真实，字迹清楚，数量准确，维修一次结算一次，一辆车填写一份清单，与维修无关的任何其他费用不得列入清单中。使用假冒伪劣产品、虚报多开材料费、以次充好等，都是损害消费者利益的违规行为，承修企业将受《道路运输行政处罚规定》的处罚。

（6）辅料费是维修过程中使用的那些低值易耗材料，在发生费用结算时一般是一些难以用数量计算的消耗品。

在“标准”中规定的辅助材料消耗品见表3-3。

辅助材料消耗品　　表3-3

油、液类	清洗用汽油、柴油、煤油、酒精、烧碱、硫酸、盐酸、润滑用黄油、蒸馏水
铁片类	卡扣、钢丝、铁丝、铜皮、锯条、ϕ10mm以下的标准弹簧垫圈、平垫圈
螺栓类	木螺丝、元钉、扣吊、插销、开口销、ϕ10mm以下的标准螺栓、螺母、螺钉
其他	合页、焊条、焊膏、毛毡、石棉纸、棉纱、线卡子、凡尔砂、透明胶带

二 其他费用的计算

其他费用是指配件材料的服务费、外加工费、汽车专项维修费、车辆综合性能检测费、事故车修复费。

1. 材料服务费

材料服务费是由材料的采购、运输、损耗、保管、占用资金的利息及利润等费用所构成,材料服务费的收取标准是按材料费比例提取,由企业参考"标准"的规定明示执行。例如按照"标准":材料配件从本县(市、区)内购进的,按不超过实际购进价的5%结算;省内购进的,按不超过实际购进价的10%结算;省外购进的,按不超过实际购进价的15%结算;特殊情况或紧缺材料,也可由双方协商确定,并在维修合同中详细规定。凡维修企业所属的配件门市部购入的材料配件,不得再加收材料服务费。因为配件门市部的零售价已收取了材料服务费,如果维修厂再重复收取,加重了用户的负担,同时也会影响企业自己的信誉。

2. 外加工费

外加工费是指承修单位加工不了,需要委托外单位加工而发生的费用。这里要特别说明,在维修企业开业条件中,规定允许进行外加工的才可委托外加工,这在维修企业开业条件中有详细的规定。这是因为这些设备投资大,利用率低,维修企业无力购置,或者虽有此设备而无工装夹具,加工精度和技术要求难以达到等。在维修企业开业条件中,规定企业必须拥有的设备而没有配备,委托外单位进行外加工的,不能按外加工费进行结算。即使发生外加工,也只能在企业内部总费用中自行消化,而不能再向客户进行结算。

3. 汽车专项维修费

汽车专项维修费该标准主要是为三类维修业户制定的。

对一、二类维修企业,在修车时发生专项维修项目时,要根据该车的维修级别而定。如该车是全车大修,则其蓬垫、套、窗帘的制作,挡风玻璃安装,空调、采暖维修(轿车美容除外)都不得另立专项维修项目进行收费,因为大修分项工时定额中都包括了这些项目。对二级维护的车辆,可另收取专项维修项目的费用。

在一、二类维修企业中,完成了专项维修作业项目,其工时单价按企业的级别所确定的工时单价计算工时费,并按规定计收辅料费。

三类维修业户的基准工时单价规定为 5 元/工时,所以三类维修业户在进行专项维修时只能按此单价计算工时费,同时不可计算其辅料费,因为工时单价中已包含了有关的辅料费。

汽车美容专项工时定额中已包含了工时费、材料费和材料服务费及税金。因此,工时乘以工时单价就是汽车美容的总费用,而工时单价是按维修企业明示价格执行的。如到一类企业中美容,其基准工时单价为 10 元/工时。企业必须严格执行汽车美容工时定额表中的说明,全车大修的汽车,不允许再收取汽车美容费用,这是大修车辆应达到的质量标准。在小修、维护、大修作业时,电、气焊加工工时已包含在各分项工时之中,所以不能再另行收费。目前,汽车美容企业主要执行的是综合报价。

4. 车辆综合性能检测费

车辆综合性能检测分项收费标准主要是为满足《汽车维修工艺规范》和车辆综合性能检测的需要而制定的。它包括了二级维护前的检测项目、整车技术等级评定检测项目、维修质量抽查检测项目、二级维护竣工检测项目、大修竣工出厂检测项目。因此,在结算费用时,一定要按收费标准检测一项收取一项费用,在结算清单中也要分列清楚。

二级维护及车辆大修竣工后,必须经综合性能检测线进行质量监督检测,其检测费用没有包含在维修工时的费用中,所以,该检测费用应由车主承担,一般由车主直接根据发票上的金额以现金结算。对检测不合格项目的调试和重新检测的费用,必须由维修单位承担。

5. 事故车修复费

在"标准"中把事故车辆损坏程度分为轻微、一般、严重三个等级,这便于维修企业和车主双方对实际车损分别对待,便于结算管理。

事故车修理最高费用不得超过车价的50%。零部件修复费用超过该件零售价的50% ~60%时必须换新件,这样才能保证车辆恢复原有技术状况,确保维修质量。

事故车修理资格必须由当地运管部门审定的一、二类企业承担。其他企业超范围经营的,由当地运管部门按有关规定进行处理。

四 汽车维修总费用的计算

汽车维修总费用 = 工时费 + 材料费 + 其他费用

按汽车维修行业管理部门的规定,车辆维修竣工后,维修企业必须出具有效发票,其工时费、材料费、材料服务费、外加工费等,必须开列清楚,并附有工时清单、材料清单,其中一份交托修方。工时清单应标明维修项目、工时单价、分项工时费用和总工时费用。材料清单应标明材料名称、型号、规格、数量、单价,材料总费用。具体计算方法见本章第三节。

第三节　汽车维修价格结算的运用

目前,我省的许多汽车维修企业没有向社会明示企业自身确定的维修工时定额和收费标准,在这种情况下则参照以××省《机动车维修行业工时定额和收费标准》(以下简称“标准”)。为学习和掌握前述知识,特例举如下三个案例。

【例一】

9月底,一台陕汽斯太尔8T柴油大货车因发动机严重烧机油,去某一类维修企业进行发动机总成大修及底盘二级维护,其中约定全车喷漆1500元,材料管理费只收取10%(不论何处购入),并附其他小修项目见表3-4。

×××修理厂施工单　　表3-4

<table>
<tr><td colspan="3">工作单号</td><td colspan="2">车主电话</td><td colspan="3"></td></tr>
<tr><td colspan="3">车主</td><td colspan="2">接车日期</td><td colspan="3"></td></tr>
<tr><td colspan="3">车牌</td><td colspan="2">预约交车日期</td><td colspan="3"></td></tr>
<tr><td colspan="3">车型</td><td colspan="2">交车日期</td><td colspan="3"></td></tr>
<tr><td colspan="3">派工</td><td colspan="2">工时费合计</td><td colspan="3"></td></tr>
<tr><td>序号</td><td>说明</td><td>作业项目</td><td>工时
(h)</td><td>单价
(元)</td><td>工时费
(元)</td><td>修理工
(签名)</td><td>备注</td></tr>
<tr><td>1</td><td>发动机</td><td>发动机总成大修</td><td>397</td><td>8.00</td><td>3176</td><td></td><td></td></tr>
<tr><td>2</td><td>底盘</td><td>底盘二级维护</td><td>63</td><td>8.00</td><td>504</td><td></td><td></td></tr>
<tr><td>3</td><td>检测</td><td>气缸密封性等检测</td><td></td><td>80.00</td><td>80.00</td><td></td><td></td></tr>
<tr><td>4</td><td>机加工</td><td>磨曲轴</td><td></td><td></td><td>280.00</td><td></td><td></td></tr>
<tr><td>5</td><td>机加工</td><td>镗磨缸体</td><td></td><td></td><td>240.00</td><td></td><td></td></tr>
<tr><td>6</td><td>机加工</td><td>镗后制动鼓两个、(需铆蹄片4片)</td><td></td><td></td><td>120.00</td><td></td><td></td></tr>
<tr><td rowspan="6">7</td><td rowspan="6">附装配小修</td><td>换左后主钢板弹簧总成</td><td>12</td><td>8.00</td><td>96.00</td><td></td><td></td></tr>
<tr><td>换两边横拉杆球头及座</td><td>2</td><td>8.00</td><td>16.00</td><td></td><td></td></tr>
<tr><td>换变速器盖垫及后主传动齿轮油</td><td>1</td><td>8.00</td><td>8.00</td><td></td><td></td></tr>
<tr><td>调整差速器角齿间隙</td><td>4</td><td>8.00</td><td>32.00</td><td></td><td></td></tr>
<tr><td>更换传动轴万向节</td><td>2</td><td>8.00</td><td>16.00</td><td></td><td></td></tr>
<tr><td>更换前轮内轴承</td><td>2</td><td>8.00</td><td>16.00</td><td></td><td></td></tr>
<tr><td rowspan="4">8</td><td rowspan="4">电工</td><td>换充新12V蓄电池换电池夹头1只</td><td>3</td><td>8.00</td><td>56.00</td><td></td><td>新充电池32元</td></tr>
<tr><td>换起动机铜套及起动机小齿轮</td><td>8</td><td>8.00</td><td>64.00</td><td></td><td></td></tr>
<tr><td>修复电刮水器异响</td><td>4</td><td>8.00</td><td>32.00</td><td></td><td></td></tr>
<tr><td>制动灯不亮</td><td>1</td><td>8.00</td><td>8.00</td><td></td><td></td></tr>
<tr><td>9</td><td>胎工</td><td>新装前外胎2条及全车轮胎螺栓</td><td></td><td></td><td>80.00</td><td></td><td></td></tr>
<tr><td>10</td><td>漆工</td><td>全车喷漆(约定)</td><td></td><td></td><td>1500.00</td><td></td><td></td></tr>
</table>

该一类维修厂因为没有制定厂家自身的维修工时定额和收费标准,因此必须遵循"标准"进行结算。

由于托修方没有要求厂家在国庆长假期间加班维修车辆,因此只能按正常标准定价,在预检合同中初步定价为 8 元("标准"规定为 7 ~13 元),符合"标准"要求。

承修的车辆是大型货车,因此要用车辆载质量 T(吨)为参数选定维修工时定额。经查货车发动机大修及底盘二级维护工时定额见表 3-5。

货车发动机大修和底盘二级维护工时定额 表 3-5

车型 / 维修类别	3.5t 及以下	4 < t < 5	6 < t < 8	9 < t < 12	13 < t < 15	15t 以上
发动机大修	227	324	397	428	459	505
底盘二级维护	44	46	63	73	78	91

由于发动机总成大修包含了发动机系统的所有零部件的修复换件过程,"标准"中大修定额工时中所含的机加工工时为定值工时,不论机加工在实际维修过程中是否发生或发生多少一律按此定值结算,因此企业在必备设备范围内发生的机加工均不能另外计收费用。无此设备需要外出加工的,其外加工费也应由承修方承担。发动机机加工费 60 × 14 =840 元已包含了镗磨缸体 240 元、磨曲轴 280 元等其他加工费,因此不能再次收费。

二级维护、小修作业项目的定额工时中都不含机加工工时,结算时若有,则在结算时必须明确写出机加工的项目名称,另立项目结算,如:镗后制动鼓两个、(需铆蹄片 4 片)共计 120 元。

从所附小修项目来看,施工单中的第 7 项中的"换两边横拉杆球头及座"、"换变速器盖垫及后主传动齿轮油"、"调整后主传动盘角齿的间隙"、"更换传动轴万向节"、"更换前轮内轴承"和轮胎工的"新装前轮胎"都是底盘二级维护作业应覆盖的基本作业项目范围,在工时费结算清单上应除去不得计入。

另外,第 8 项中的"换起动机铜套及起动机小齿轮"属发动机总成大修包含项目，也应去除，但进厂时对发动机进行的动力、废气、密封性检测费应向用户收取，而出厂时的一些竣工检测费用则不能向用户收取。

由于用户提出发动机不需要涂漆，因此还必须除掉发动机涂漆费3工时×8元计24元的费用。

审核无误后，打印工时费结算明细表（见表3-6）和审核仓库出料单（见表3-7）。

××省汽车摩托车维修专用发票工时费结算明细表　　表3-6

送修单位						
工作单号						
厂牌车型	陕汽斯太尔					
序号	维修项目	施工单（份）	单价（元）	工时（h）	工时费（元）	备注
1	发动机总成大修		8.00	397－3	3152	
2	发动机动力、废气、密封性检测				80	
3	底盘二级维护		8.00	63	504	
4	镗后制动鼓两个、需铆蹄片4片				120.00	
5	换主后钢板弹簧总成		8.00	12	96.00	
6	全车喷漆				1500.00	
7	换新12V蓄电池（含充电）		8.00	4	32.00	
8	换刮水器电刷		8.00	4	32.00	
9	修复后制动灯不亮		8.00	1	8.00	
工时费合计：	伍仟伍佰贰拾肆元				5524.00元	

修理厂仓库出料单 表 3-7

工作单号		车牌				
车主		车型	陕汽斯太尔			
序号	材料名称规格	单位	数量	单价（元）	材料费（元）	备注
1	活塞、活塞环	套	6	60.00	360.00	
2	活塞销、铜套	套	6	25.00	150.00	
3	主轴承	套	1	134.30	134.30	
4	连杆轴承	套	1	39.00	39.00	
5	偏心轴承	套	1	40.00	40.00	
6	进气门	个	6	9.00	54.00	
7	排气门	个	6	4.00	24.00	
8	气缸垫	件	2	15.00	30.00	
9	机油	kg	9	4.50	40.50	
10	排气门导管	个	6	4.00	24.00	
11	排气管垫圈	个	1	12.00	12.00	
12	发动机大修衬垫	套	1	8.00	8.00	
13	排气管衬垫	套	1	4.00	4.00	
14	进、排气管垫	套	1	16.00	16.00	
15	离合器摩擦片总成	套	1	4.00	4.00	
16	导向轴承	个	1	14.00	14.00	
17	水泵、发电机轴承	个	1	32.00	32.00	
18	水泵密封圈总成	套	1	5.00	5.00	
19	风扇皮带	套	1	12.00	12.00	
20	起动机齿轮	个	1	32.00	32.00	
21	铜套	个	2	4.00	8.00	
22	排气门弹簧	只	7	3.00	21.00	
23	离合器分离轴承	个	1	24.00	24.00	

续上表

序号	材料名称规格	单位	数量	单价（元）	材料费（元）	备注
24	正时齿轮油封	个	1	8.00	8.00	
25	前轮轴承	个	2	32.00	64.00	
26	万向节	个	1	42.00	42.00	
27	主后钢板弹簧总成	件	1	348.00	348.00	
28	发动机前后胶垫	套	1	38.00	38.00	
29	机油滤清器滤芯	个	1	12.00	12.00	
30	空气滤清器滤芯	个	1	15.00	15.00	
31	后制动蹄片	片	8	7.00	56.00	
32	铝铆钉	支	49	0.20	9.80	
33	横拉杆球头销及座	套	2	18.00	36.00	
34	双曲线齿轮油	kg	9	7.00	63.00	
35	轮胎螺栓	套	24	11.00	264.00	
36	变速器盖垫	件	1	7.00	7.00	
37	风神轮胎 10.00-20.12 层	套	2	670.00	1340.00	
38	小灯泡(12V 单脚)	个	2	4.00	8.00	
39	刮水器电刷	个	2	1.50	3.00	
40	劲力电池 12V	个	1	380.00	380.00	
41	电池铜夹头	个	1	5.00	5.00	
42	防冻液	瓶	2	24.00	48.00	
43	电解液(2L)	瓶	6	6.00	36.00	
44	清洗汽油	升	10	5.00	50.00	
45	腻子、油漆、稀释液				180.00	
46	漆工用砂布	张	6	1.50	9.00	
47	开口销	支	15	0.10	1.50	
48	锯条	支	5	1.20	6.00	
49	黄油	瓶	1	26.00	26.00	
50	黄油嘴	个	3	2.00	6.00	
合计				4149.10 元		

经审核发现腻子、油漆、稀释液、漆工用砂布属于全车喷漆中的包工包料部分,不能再向用户结算。

开口销、黄油、清洗汽油、锯条、电解液属于辅料部分也不能收费。

铝铆钉为底盘机加工用料也不能计费(其机加工费已包含材料费)。

货车全车大修的辅料费最高限价可收 360 元,但此次只有发动机是大修,因此只能收取 1/3,即:120 元。

同时,材料费必须在额定数量范围内,按实际使用量来结算。凡因维修工人失职造成材料浪费或零件损坏及在质保期内的返工损失,应由承修单位负责,不能转加给用户。因此,排气门弹簧因装配时损坏造成多领一只的 3 元费用不能向用户收取。

材料清单必须规范,清单必须填写真实,字迹清楚,修一次结一次,一车一清单,与维修无关的其他任何费用不得列入清单中。使用假冒伪劣产品、虚报多开材料费、以次充好等,都是损害消费者利益的违规行为。

材料服务费的费率分三个档次计算:本县(市、区)内购进的按不超过实际购进价的 5% 结算;省内购进的按不超过实际购进价的 10% 结算;省外购进的按不超过实际购进价的 15% 结算。以上费率主要考虑到配件的运费和货损风险等因素。对特殊情况或紧缺材料(需加急或厂家派人专程采购),可由双方协商确定,但必须在维修合同中详细约定。该车事先约定不论何处采购的零部件其材料服务费都按 10% 计算,因此应按合同办理。

材料的真实购置地主要依靠承修单位的自觉和诚实与否来确定。在检查过程中,可按汽车配件供应的发票进行判定。

审核无误后,打印材料费结算明细表,并按规定核实收费:

工时费:4024 元 +1500 元(修前约定喷漆费) =5524 元

材料费:[4149.10 -(180 漆料) -(128.5 辅料) -(9.80 铝铆钉) -(3.00 排气门弹簧)] =3827.80 元

材料管理费:3827.80 元 ×10%(修前约定) =382.78 元

辅料费:120 元

合计：5524 元 +3827.80 元 +382.78 元 +120 元（辅料费）=9854.58 元

待财务人员与客户结清 9854.58 元的款项后，维修费结算手续完成。

【例二】

有一台桑塔纳轿车因交通事故撞损前盖、大灯前部及右前翼子板。

分析：该维修项目属事故修复型的修理项目，为一般性事故。在进厂修理时应会同检验员对车辆损坏修复进行修复工时费及材料费预算，并签订维修合同。

维修工时费预算表见表 3-8，维修材料预算表见表 3-9。

维修工时费预算表 表 3-8

序号	作业项目	预计工时（h）	单价（元）	工时费（元）	修理工（签名）	备注
1	修复前盖	50	8.00	400.00		
2	修复前照灯支座（左右）	25	8.00	200.00		
3	拆换灯具	10	8.00	80.00		
4	拆换前中板	6.25	8.00	50.00		
5	拆装散热网、水箱	18.75	8.00	150.00		
6	拆换前保险杠	15	8.00	120.00		
7	检修发动机	10	8.00	80.00		
8	检修空调	31.25	8.00	250.00		
9	修复右前翼子板	15	8.00	120.00		
10	修复前龙门架	50	8.00	400.00		待定
11	检修电子风扇	15	8.00	120.00		
12	修复沙板	15	8.00	120.00		
13	喷漆前盖	56.25	8.00	450.00		
14	喷漆右前翼子板	37.5	8.00	300.00		
15	喷前龙门架	18.75	8.00	150.00		
共计工时费				2990.00 元		

维修材料预算表　　表 3-9

序号	材料名称规格	单　位	数　量	单价(元)	材料费(元)	备　注
1	前照灯总成	只	2	470.00	940.00	
2	右前角灯	只	1	105.00	105.00	
3	中网	块	1	195.00	195.00	
4	前保险杠	条	1	585.00	585.00	
5	制冷剂	瓶	2	50.00	100.00	
6	发动机皮带	条	1	50.00	50.00	
7	电子风扇	只	1	450.00	450.00	
8	大灯下方饰条	块	2	25.00	50.00	
9	前保险杠灯(左)	只	1	65.00	65.00	
共计材料费					2540.00 元	

根据“标准”中规定,事故车修理最高费用不得超过车价的 50%,零部件修复费用超过该件零售价的 50% ~60% 时必须更换新件,这样才能保证车辆恢复原有技术状况,确保维修质量的原则。此案中新的龙门架只需 600 元,而修复价为 400 元,而且修复后的龙门架影响其强度有安全隐患,因此最终与用户商定更换龙门架。审核派工单预算工时费 2590 元应改为维修工时费 2390 元(新的龙门架还需要喷漆 150 元,该项费用不能减,只能将修复的 400 元改成装复的工时费 200 元)。审核仓库出料单材料项目与预算项目无误,但须增加龙门架价格 600 元,即为 3140 元。应以 3140 元为依据填入材料费结算明细表,作为维修材料费结算依据。

事故车修复费。按照各工种在维修作业时所领用的材料单,核实维修合同或施工单上是否注明包工包料的。比如保险公司的索赔内容中,漆工、钣金工件部分一般都采取包工包料的结算方法。有些收费一般是按原始发票中的金额直接进行收费,如检测部门的车辆综合性能检测收费、交警部门的事故车辆施救费、停车费等。

事故车辆的施救费(从停车场运到修理厂的费用),按"标准"中事故车辆施救收费标准执行。

这里要特别注意,补漆已包含材料费,所以不得再向用户收取漆料费用。目前,全车喷漆、补漆都是维修企业和车主协商议价并直接进行货币结算较多。

审核无误后,打印材料费结算明细表,并按规定核实收费:

工时费:2990－200＝2790(元)

材料费:2540＋600＝3140(元)

材料管理费:2390×10%(修前约定)＝239(元)

辅料费不计(修前约定)

合计:2790＋3140＋239＝6169(元)

待财务人员与客户结清6169元的款项后,维修费结算手续完成。

【例三】

一台江铃1.25T柴油发动机轻型箱式双排座汽车,全车大修(车身外表良好,附件完整,可驾驶入厂)。

该车入厂经检验员检验属大修车的一类车质.全车大修总工时如下:

整车大修工时:731个工时;(其中车头、车身、蓬垫的大修工时为80＋16＝96个工时);

根据各类厢式双排座,大修在其车身车头蓬垫部分的工时按同类车可相应增加不超过30%的工时。

双排座人货车厢及驾驶室大修按规定增加工时:

96×15%(修前约定)＝14.40(工时);

所以,该车全车大修工时定额为:731＋14.4＝745.40(工时)。

据此与客户签订维修合同后车辆开始进行维修作业。经维修竣工试车检测合格后进行维修收费结算工作。

该车大修共用材料费5677元,审核无误后,打印材料费结算明细表(表略),并按规定核实收费:

工时费:745.4×8.00＝5963.20(元)

材料费:5677 元

材料管理费:5677 ×10%(修前约定)=567.70(元)

辅料费不计(修前约定)

合计:5963.20 +5677 +567.70 =12207.90(元)

待财务人员与客户结清 12207.90 元的款项后,维修费结算手续完成。

说明项目:

(1)全车大修及总成大修必须通过大修技术鉴定,否则不能视为大修,按小修计费。审核施工单有没有超出全车大修范围的修理项目,例如有没有加装设备、车厢篷架等非原车装备的项目。

(2)换用总成件要事先与车主取得确认,并减掉工时费用中总成件占的大修工时,再加上总成装卸工时。比如换用变速器新总成、起动机新总成等情况。

(3)外协加工费中有超过全车大修范围的可附加计算,比如加座椅皮套、车内附加装饰、增设高档音响等。

该车不存在上述情况,故工时费结算可维持原合同签订的工时额。

经审核确认后打印工时及材料结算明细表。按上述例一、例二的总收费结算方法计算及打印发票和办理最后的结算手续。

第四章 汽车维修价格结算计算机辅助管理

第一节 计算机基础知识

一 计算机的产生和发展

1946 年，世界上第一台计算机在美国诞生，名叫埃尼阿克，英文缩写为 ENIAC，当时的目的主要是用来计算炮弹弹道。从第一台电子计算机诞生至今，计算机技术飞速发展，人们通常按计算机使用的主要元件来划分计算机发展所经历的几个时代。

第一代是电子计算机（1946 ~1957 年）。这一代计算机采用电子管作为主要元器件，不仅体积庞大、成本很高，而且能量消耗大，其运算速度一般只能达到每秒几千次到几万次。

第二代是晶体管计算机（1958 ~1963 年）。这一代计算机用晶体管取代了电子管，可靠性和速度有了较大的提高，运算速度一般为每秒几万次到几十万次。此时的计算机体积缩小，成本降低，除了军用以外，在工程设计、数据处理、事务管理以及工业控制等方面也逐渐得到应用。

第三代是中小规模集成电路计算机（1964 ~1973 年）。这一代计算机以半导体中小规模集成电路作为计算机的主要元器件，计算机的体积和能耗显著减少，其运算速度和存储能量有了较大的提高，可靠性也大大增加。此时的计算机系统结构趋于通用与标准化，应用领域不断扩大。

第四代是大规模、超大规模集成电路计算机（1974 年至今）。这一代计算机以大规模、超大规模集成电路作为主要元器件，普遍采用了半导体存储器，运算速度向每秒十亿次、百亿次及更高速度发展，硬、软件的发展日趋完善。由于技术的发展，运算器、控制器等部件可以集成在一个很小的电路芯片上，从而产生了微处理器。将微处理器和半导体存储芯片及外部设备接口电路组装在一起就构成了微型计算机。微型计算机的出现不仅深刻地影响着计算机技术本身的发展，同时也使计算机技术迅速地渗透到社会与生活的各个领域。

从20世纪80年代开始，日本、美国以及欧洲一些发达国家都宣布开始新一代计算机的研究。人们普遍认为，新一代计算机应该是智能型的，它能模拟人的智能行为，理解人类自然语言，并继续向着微型化、网络化发展。

二 计算机的分类

计算机按其功能可分为专用计算机和通用计算机。专用计算机功能单一、适应性差，但是在特定用途下最有效、最经济、最快速。通用计算机功能齐全、适应性强，目前所说的计算机都是指通用计算机。在通用计算机中，又可根据运算速度、输入输出能力、数据存储能力、指令系统的规模和机器价格等因素将其划分为巨型机、大型机、小型机、微型机、服务器及工作站等。

1. 巨型机

巨型机运算速度快，存储容量大，结构复杂，价格昂贵，主要用于尖端科学研究领域。

2. 大型机

大型机规模仅次于巨型机，有比较完善的指令系统和丰富的外部设备，主要用于计算中心和计算机网络中。

3. 小型机

小型机较之大型机成本较低，维护也较容易。小型机用途广泛，既可用于科学计算、数据处理，也可用于生产过程自动控制和数据采集及分析处理。

4. 微型机

20 世纪 70 年代后期，微型机的出现引发了计算机硬件领域的一场革命。如今微型机家族中“人丁兴旺”。微型机采用微处理器、半导体存储器和输入输出接口等芯片组装，使得它较之小型机体积更小，价格更低，灵活性更好，可靠性更高，使用更加方便。

5. 服务器

随着计算机网络的日益推广和普及，一种可供网络用户共享的、高性能的计算机应运而生，这就是服务器。服务器一般具有大容量的存储设备和丰富的外部设备，其上运行网络操作系统，要求较高的运行速度，对此很多服务器都配置了双 CPU。服务器上的资源可供网络用户共享。

6. 工作站

20 世纪 70 年代后期出现了一种新型的计算机系统，称为工作站（WS）。工作站实际上是一台高档微机。但它有其独到之处，易于联网，配有大容量主存，大屏幕显示器特别适合于 CAD/CAM 和办公自动化。

随着大规模集成电路的发展，目前的微型机与工作站乃至小型机之间的界限已不明显。现在的微处理器芯片速度已经达到甚至超过十年前的一般大型机 CPU 的速度。

二 计算机的特点

1. 运算速度快

计算机具有高速进行算术运算和逻辑运算的能力，其运算速度从每秒几十万次到数亿次，这是人的运算能力无法比拟的。

2. 计算精度高

计算机具有极高的计算精度，主要表现为数据有效位数。这里所谓的位数，实际上是指计算机字长，字长越长，精度越高。一般计算机都有十几位到几十位的有效数字，能满足很复杂的科学计算。

3. “记忆”能力强

计算机具有极强的“记忆”能力，这是因为它有容量非常大的存储器。存储器具有存储信息的能力,一般的计算机,其容量可以达到数百万到数亿个字符,可以方便地对存储器中的信息快速地“存入”和“取出”,存储器中的存储单元类似于人脑的记忆细胞。

4. 具有逻辑判断能力和自动控制功能

计算机不仅可以进行算术运算,而且还具有极强的逻辑处理能力,可进行各种逻辑运算与推理。有了这种能力,再加上存储器可以存储各种数据和程序,就使计算机能够快速自动地完成各种任务。

5. 可靠性高,通用性强

由于采用了大规模和超大规模集成电路,计算机的可靠性大大提高,可以长期无故障地连续运行。

四 计算机的应用

1. 科学计算

科学计算是早期计算机的主要功能。虽然今天的计算机已经广泛应用于社会与生活的各种方面,但科学计算仍然是计算机应用的一个重要领域。利用计算机进行计算,可以解决许多手工难以完成的计算,不仅能节省大量的时间、人力和物力,而且计算精度可以大大提高。

2. 信息管理

计算机信息管理指的是利用计算机来加工、管理和操作各种数据资料,例如,生产管理、办公自动化、信息情报检索等。

3. 过程检测与控制

计算机过程控制指的是利用计算机对连续的工业生产过程进行控制,如在化工、电力、冶金等生产过程中,通过计算机自动采集各种参数,监测并及时控制生产设备的工作状况。利用计算机对工业生产过程中的某些信号自动进行检测,计算机对检测到的数据进行相应的处理。这样的系统称为计算机检测系统。

4. 计算机辅助系统

计算机用于辅助设计(CAD)、辅助制造(CAM)、辅助测试(CAT)

和辅助教学(CAI)等方面,统称为计算机辅助系统。

5. 计算机网络

计算机网络指的是以传输信息为主要目的,将在不同地点、不同机型的计算机,用通信线路连接起来,组成一个规模大、功能强的计算机群。计算机联网后,极大地方便了信息的传递,而且网内众多的计算机系统可共享相互的计算机资源。

6. 人工智能研究和应用

人工智能研究和应用,是计算机应用的一个重要领域和前沿学科。其目的是使计算机具有"推理"和"学习"的功能,如"自然语言理解"、"专家系统"、"机器人"等都是计算机人工智能研究和应用的范畴。

五 计算机系统的组成

一个完整的计算机系统一般由硬件系统和软件系统两大部分组成。

1. 计算机硬件系统

计算机硬件系统是看得见、摸得着的实体,是计算机进行工作的物质基础。它由运算器、控制器、存储器、输入设备和输出设备五大功能部件组成。这五大功能部件的结构关系如图 4-1 所示。

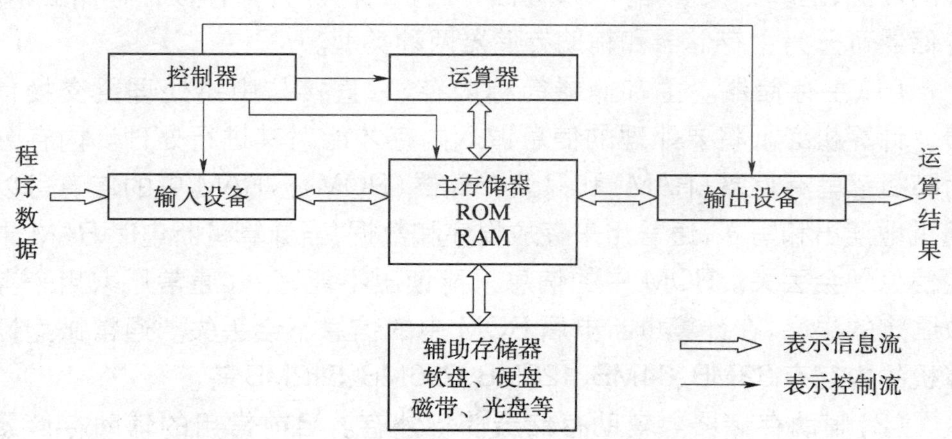

图 4-1　计算机工作原理示意图

1)运算器

运算器是对数据进行运算和处理的部件。它在控制器的控制下与内部存储器直接交换信息,完成算术运算、逻辑运算及其他信息的加工和处理。

2)控制器

控制器是计算机系统正常运转的指挥中心。它控制计算机的各个部分按预先编好的程序自动、协调地工作。计算机的程序是由各种指令组成的,指令是指挥计算机操作的指示和命令。计算机运行时控制器从存储器中依次取出指令,按照时间的先后顺序,发出控制信号,使其他部件如运算器、输入输出设备执行相应的指令。因此,计算机的工作过程就是控制信息流在计算机内部流动和作用的过程。

通常把运算器与控制器合在一起称为中央处理器(CPU)。CPU是做在一块芯片上的超大规模集成电路,它是计算机硬件系统的核心。在微型计算机中,平常所说的286、386、486、Pentium(奔腾)、PentiumⅡ、PentiumⅢ、PentiumⅣ等都是指CPU的型号。

3)存储器

存储器是计算机存储信息的部件。计算机中的信息包括原始数据、中间数据、运算结果及指挥计算机运行的各种程序,都存放在存储器中。存储器可分为主存储器和辅助存储器两种类型。

(1)主存储器。主存储器简称内存,它直接与中央处理器交换信息。计算机必须将要处理的信息调入内存才能对其进行处理。内存分为随机读写存储器(RAM)和只读存储器(ROM)。RAM中的信息可以随机地读出和写入,通常用来存放程序和数据,当计算机断电时RAM中的信息便会丢失。ROM中的信息只能读出不能写入,通常厂家用来存放固定的程序,在计算机断电后ROM中的信息不会丢失。通常微型计算机的内存有32MB、64MB、128MB、256MB、512MB等。

(2)辅助存储器。辅助存储器简称外存。目前常用的辅助存储器有磁盘、电子优盘、磁带、光盘等。

4)输入设备

输入设备是计算机从外部获取信息的设备。通过输入设备,可以把程序、数据和操作命令等输入计算机。在微型计算机中,主要的输入设备是键盘、鼠标、扫描仪和数码相机等。

(1)键盘。键盘是最常用的一种输入设备。

(2)鼠标器。鼠标器简称鼠标,是一种屏幕定位输入设备,在Word、Excel 等应用软件中,利用鼠标器输入信息比键盘操作更加方便。

(3)扫描仪与数码相机。主要用于图形图像素材的输入与采集。

5)输出设备

输出设备是将计算机中的信息传送到外部的设备。在微型计算机中,常用的输出设备有显示器和打印机。

(1)显示器。显示器是计算机系统中最常用的输出设备,它可以将计算机送来的信息和键盘输入的信息显示在显示屏上,与键盘配合,可以实现人机对话。

(2)打印机。打印机用来把计算机的输出结果打印在纸上。打印机的种类很多,主要有针式打印机、激光打印机、喷墨打印机等。

通常,我们把 CPU 和主存储器合称为计算机的主机,而把各种输入输出设备和辅助存储器合称为计算机的外围设备,简称外设。

2. 计算机软件系统

计算机软件是指在硬件设备上运行的各种程序以及有关文档资料。程序是指挥计算机完成指定任务的指令集合。软件系统通常分为系统软件和应用软件两大类。

1)系统软件

系统软件是指管理、控制和维护计算机及其外部设备的各种软件,具有代表性的有操作系统、数据库管理系统、编译系统等。

2)应用软件

应用软件是指专门为解决具体应用问题而编写的软件。随着计算机越来越普及,应用软件也越来越多,如 Word、Excel 等。

硬件系统和软件系统是构成计算机系统的一个有机的整体，它们相辅相成，缺一不可。没有软件的计算机是一堆废物，而离开了硬件，软件的应用也无从谈起。计算机系统组成如图4-2所示。

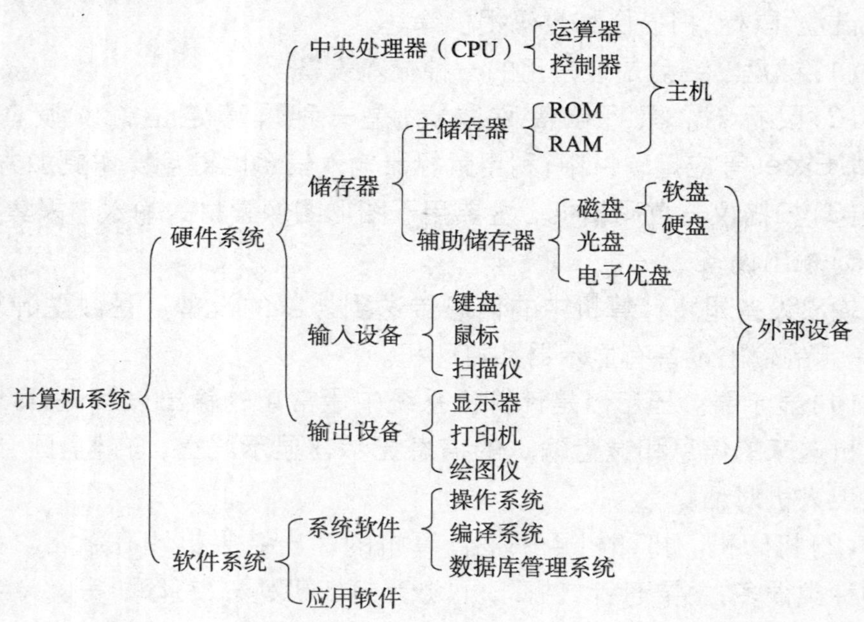

图4-2　计算机系统组成示意图

六 Windows XP使用简介

Windows XP是美国Microsoft公司的微机系列操作系统软件，是在Windows 2000操作系统的基础上开发的，是一个多目的、完全基于32位体系结构、用户可以同时运行程序或执行多个任务的操作系统。下面介绍Windows XP的若干基本概念及使用方法。

1. 启动Windows XP

启动Windows XP和启动以前版本的Windows 2000一样，需要进行登录。如果拥有管理员的身份，用户可以用Administrator(Windows XP默认设置的系统管理员账户)或与之有相同权利的用户账户登录，这样可以拥有管理所有设备的权限。

如果用户没有自己的账户，就需要让系统管理员创建一个账户及口令，并赋予一定的权限（在“控制面板”中操作）。

在启动过程中系统提示用户按 Ctrl + Alt + Delete 组合键登录的时候，同时按下键盘上的 Ctrl + Alt + Delete 键进入 Windows XP 登录界面，并输入用户名与密码。正确地输入密码，Windows XP 在经过确认密码、进行个人设置、进行网络的连接等一系列操作后，将进入到图 4-3 所示的 Windows XP 界面（桌面）。

2. Windows XP 桌面

为了让用户更好地使用 Windows XP，微软公司为其设计了一个直观的、便于理解的人机交互界面，并给予一个形象的称呼——桌面。Windows XP 桌面就是计算机为用户准备的电子办公桌，用户可以在这上面处理显示出来的一切内容。在桌面上有一些很小的图形（在图形的下面有文字），这些图形称为图标。Windows XP 桌面主要包括以下部件：“我的文档”、“我的电脑”、“网上邻居”、“Internet Explorer”、“回收站”和“任务栏”等，如图 4-3 所示。

图 4-3　Windows XP 桌面

由于 Windows XP 配置的不同,其桌面可能包含多个附加的项目。除此之外,用户还可以按照自己的爱好,随时在桌面上添加需要的部件,也可以重新安排、配置自己的桌面外观。

3. 使用鼠标

在 Windows 中要完成某项功能,用户可以使用键盘,也可以使用鼠标,但使用鼠标要比使用键盘容易得多。

有些鼠标具有两个键,有些具有三个键,还有一些鼠标在两键之间有一个滚动轮。在 Windows 中,滚动轮并没有很特别的用途,但在某些应用程序中,可以利用滚动轮在窗口中滚动或放大窗口,例如在 Microsoft Office 程序中。另外,三键鼠标的第三个键(中间的键)也没有什么特殊的用途,但是可以利用某些软件对第三个键进行设计,使其可以完成用户希望完成的事情。鼠标的基本操作有以下几项。

(1)通常情况使用左键单击、双击或者拖动鼠标。

(2)右键单击(右击)会显示一个快捷菜单,如图 4-4 所示。这个快捷菜单与鼠标所右击的对象有关。

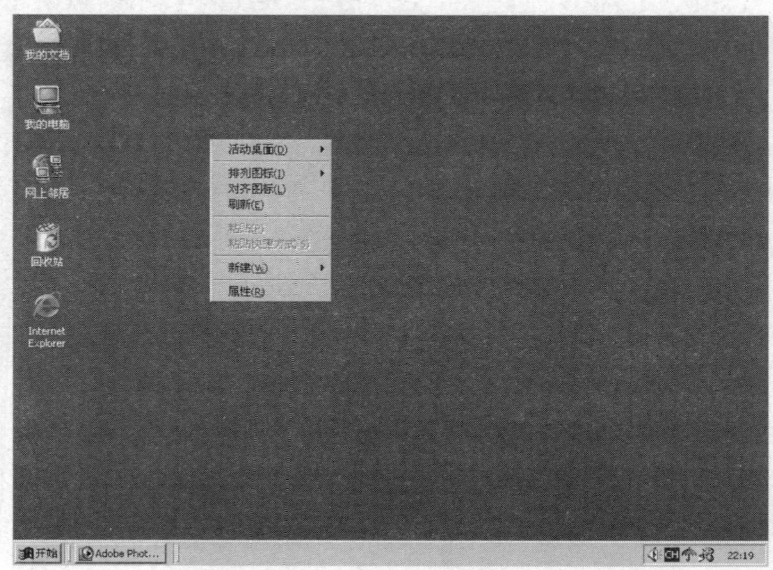

图 4-4　右击显示一个快捷菜单

(3)右键拖动一个对象，当用户释放对象时，系统会显示一个快捷菜单，如图4-5所示。

图4-5　右键拖动显示一个快捷菜单

4. 查找文件

(1)选择“开始”→“搜索”→“所有文件或文件夹”。

(2)在搜索的文件或文件夹名为的文本框中输入要查找的文件名或文件夹名；在包含文字文本框中输入要查找文件所包含的关键文字。

(3)在搜索范围文本框中选择系统上的驱动器。

(4)单击立即搜索，如图4-6所示。

(5)用户看到所查找的文件时，单击停止搜索按钮以停止搜索。

5. 关闭 Windows XP

(1)关闭所有打开的窗口。

(2)单击“开始”按钮，选择“关机”选项，在弹出的图4-7所示的对话框中鼠标左击“关机”选项。

(3)等待电脑关机后切断电源。

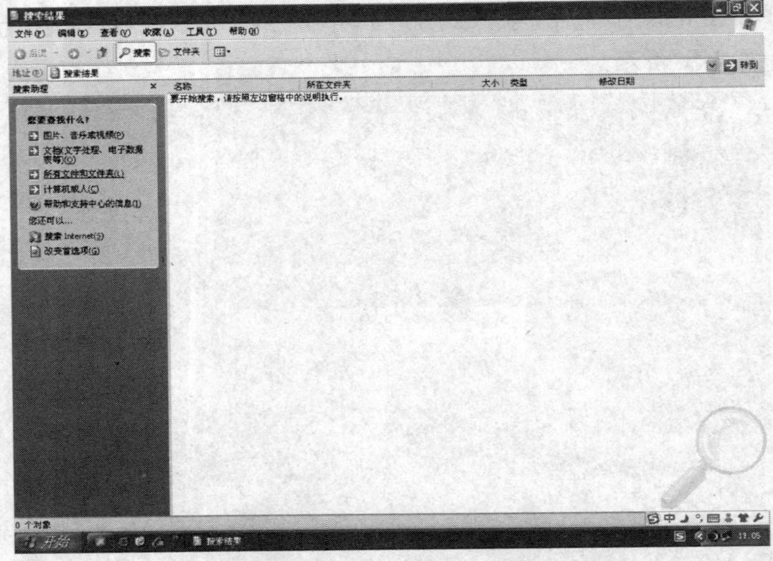

图4-6 “搜索结果”窗口

图4-7 “关闭 Windows”对话框

七 网络常识

计算机网络是计算机技术与通信技术结合的产物,它将处于不同地理位置、具有独立功能的计算机、终端及附属设备用通信线路连接起来,按照一定的规约实现相互之间的通信。

计算机网络的主要目的是达到资源共享。一个联网的计算机管理系统，可以把不同岗位上的各个工作站（联网的计算机）上输入的信息统一汇总处理。同时，通过每个工作站，可以了解和处理整个管理系统中的数据，提高了工作效率和管理效果。

计算机网络根据联网范围大小一般可分为局域网、城域网和广域网等几类。局域网是指小型企业内部由若干台计算机在较小的地理范围内连成的网络。目前汽车维修管理软件一般都运行在这种局域网上。不同工位输入不同的数据，最终在网络的某一台主机上"汇总"，集中管理，而各类管理人员可以通过任一工作站，按预先设置的权限访问这些数据，最终实现数据资源的共享。

第二节 计算机技术应用

一 企业信息管理系统模式与汽车维修企业生产管理系统

1. 企业管理信息系统的含义

企业管理信息系统是由人和计算机系统组成的能进行信息管理，即收集、传递、储存、加工、维护和使用的信息系统。企业管理信息系统是以数据处理系统为其初步阶段，决策支持系统为其高级阶段，运用现代化的数据处理设备和经济数学方法，系统地实现企业生产经营目标的一种综合性的信息管理系统。

企业信息管理系统将企业的人、财、物、责、权、利有机地结合起来并在计算机网络系统中加以实现。它以进、销、存、财、业务管理为核心，并将企业的科学管理方法完全糅合在系统当中，最大限度地规范、约束和控制企业各级人员的工作行为，使企业各级人员在日常业务中的每一行为，必须先得到该管理系统的认证和约束。这种"事前控制"机制正是该系统的精华所在；这种机制能为企业创造出更高效、更可靠的工作方法；企业管理信息系统的有效实施可为企业节约大量的人力物力，最大限度地满足企业现代化的管理要求，提高企业信息共享能力和对外竞争能力。

2. 企业管理信息系统结构

管理信息系统的结构是指管理信息系统各组成部分之间的相互关系总和。管理信息系统的结构是收集加工多种信息,并利用信息进行各类决策的体系,其系统组成如图4-8所示。以企业为例,管理信息系统是企业各种职能子系统的联合,而每一个子系统又可分为四个主要的信息处理部分,即日常业务处理、作业控制、管理控制、战略计划等。信息系统的每个职能子系统都有只供自己使用的专用数据库文件,即对应于某个应用程序的专用数据文件,其他应用程序使用并为一般检索工作所需要的数据文件。这样的数据文件被组织在一个用数据库管理系统的软件统一管理的通用数据库之中。

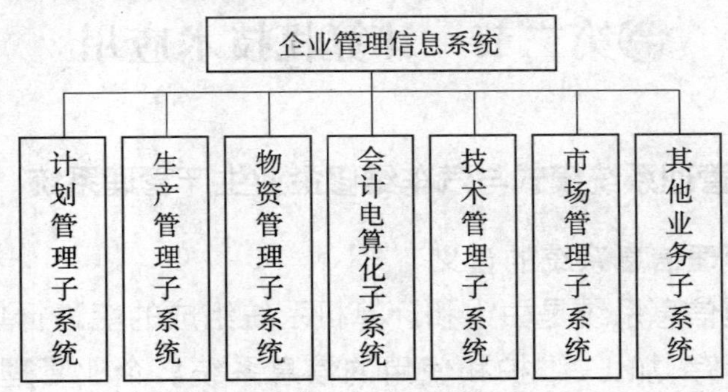

图4-8 企业信息管理系统示意图

系统中的应用程序除专用的应用程序外,还有各子系统共用的应用程序和能为多个应用程序共用的,求解各种分析与决策模型的程序等组成共用程序。

3. 汽车维修企业生产管理系统

汽车维修企业生产管理系统是汽车维修企业管理信息系统的一个重要组成部分,系统通常采用模块化结构,系统组成如图4-9所示。该系统主要包括以下功能:业务受理、车间调度、结算业务、配件管理、档案管理、报表查询、系统设置。

(1)业务受理。主要是车辆进厂的工单、车辆、客户的信息录入,维修项目价格的确定以及车辆、客户在生产过程中的动态跟踪。在确定某一车辆维修受理事项登记完毕后，将即将维修的具体内容和其他事项以书面形式打印出来，双方签字后作为本次维修的合同书以及客户取车的凭证。

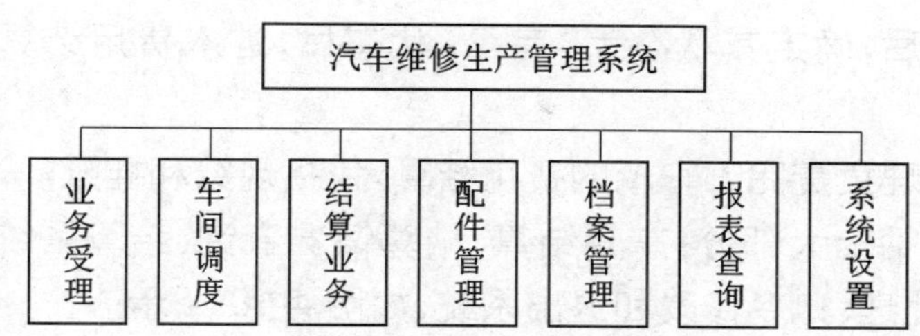

图 4-9　汽车维修企业生产管理系统示意图

(2) 车间调度。主要处理车辆入场维修的维修分工、工位安排、确定车辆的维修状态以及车辆维修进程的质量控制、完工检验报告等。

(3) 结算业务。主要处理车辆结算、车辆结算后的收款状况和欠款处理。在确定某一车辆已经完工，对该车辆的维修收费进行结算的活动。在该模块的收费项目主要包括：零件更换收费、外加工收费以及人工和零件的费用折扣，统计出该辆车进厂维修的总费用，并打印结算单，作为客户交纳钱款的凭据，也可作为厂方和客户之间达成交款的协议。

(4) 配件管理。主要是针对每一份工单，登记其零件使用情况，并可对在修、已维修车辆的零件及仓库配件使用情况进行查询。

(5) 档案管理。主要对客户档案及车辆档案进行管理。

(6) 信息查询。

(7) 系统设置。主要是为系统运行需要的一些初始参数及可调整的参数进行初始设置和运行当中的调整。如维修企业编号、维修企业名称、维修类别、电话、地址、账号、税号、开户行以及结算所需的信息。

二　汽车维修企业生产管理系统中的结算操作

下面以国内某企业使用的采用 Visual Foxpro 编程，在 Windows 2000 及更高版本的操作系统环境下运行的某软件为例，讲述结算业务操作实例。

1. 判断车辆可结算及结算处理的操作

当车辆进入"完工"状态后,就可以结算了。

当车主要求结算时,首先要在车辆结算屏中,通过输入其委托书号,找到该车辆后,确定其状态为"完工"状态后,进入费用结算屏,进行结算操作。

结算管理负责完工车辆的费用结算,包括现结和挂账。

系统包括七大部分:车辆结算、结算情况查询、结算系统报表、恢复处理、月末处理、口令修改和退出系统,如图4-10所示。

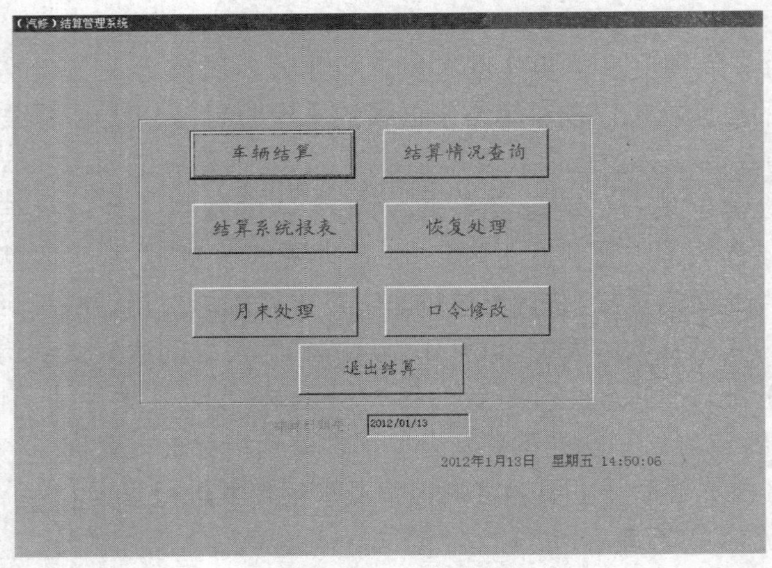

图4-10 系统组成图

点击"车辆结算"按钮,进入车辆结算屏,如图4-11所示。浏览框的下方是快速查询框,包括车辆牌照和委托书号。当在车辆牌照或委托书号框中输入相应的内容时,系统会快速地在浏览框中显示符合条件的车辆。

选中欲结算的车辆,单击"费用结算"按钮,进入费用结算屏,如图4-12所示。

委托书号	车辆牌照	车辆厂牌	车主	状态	维修类别
06010136	浙G-52660	曙光	肖志龙	完工	小修
06010109	浙G-GK733	信腾	永康市永唐汽车客运有限责任	完工	三包索赔
06010105	浙G-GK606	江淮	永康市永唐汽车客运有限公司	完工	三包索赔
06010094	浙G-38096	曙光	郑卫明	完工	小修
06010091	浙D-B6580	江淮	诸暨市长途运输有限公司	完工	首保
06010084	浙G-W3296	吉江	兰溪市昌达公共交通有限公司	完工	首保
06010005	未上牌	江淮	浦江丰恺工贸有限公司	完工	首保
05120290	浙G-03456		校部	完工	小修
05120288	本厂内务		浙江汽校修理厂	完工	小修
05120281	536	北京吉普	浙江汽校教练队	完工	小修
05120188	浙G-08500	依维柯	校部	完工	大修
05120119	浙G-57910	曙光	许永俊	完工	小修
05090167	未上牌	曙光	王学进	完工	小修
05030433	浙G-24337	东南	陈正兴	完工	小修

图 4-11　车辆结算屏

图 4-12　费用结算屏

在费用结算屏中，屏幕上方显示的是该车辆的车辆牌照、车辆厂牌、委托书号、状态和车主的信息，旁边是“详细情况”按钮，通过单击“详细情况”按钮，可以查看该车辆的配件领用情况和派工情况，如图 4-13 所示。

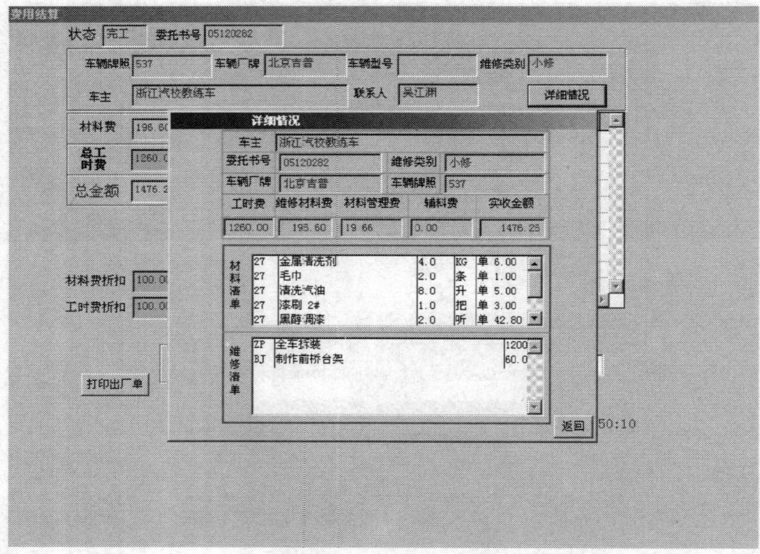

图 4-13 费用结算详细清单

在屏幕中央是有关车辆的所有相关费用的明细，分别是总工时费、材料费、材料管理费、辅料费、送检费、年检费、护理费、总金额和实收金额等，根据实际情况输入相应项目栏。

通过选择单选框中的选项可以对定点单位（总金额）打折做处理，如图 4-14 所示。

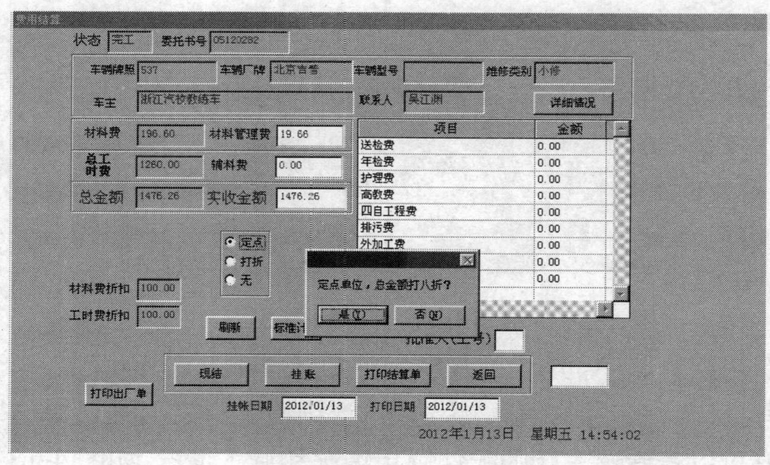

图 4-14 打折优惠处理

将实收金额填入后，鼠标单击“打印结算单”按钮，系统将打印输出结算单，然后可根据客户的要求选择现结或挂账。

2. 车辆当场结算的操作方法

单击费用结算屏幕中的“现结”按钮，结算屏幕出现，屏幕上方是车辆的基本信息，包括车辆牌照、车辆厂牌委托书号和车主，如图 4-15 所示。

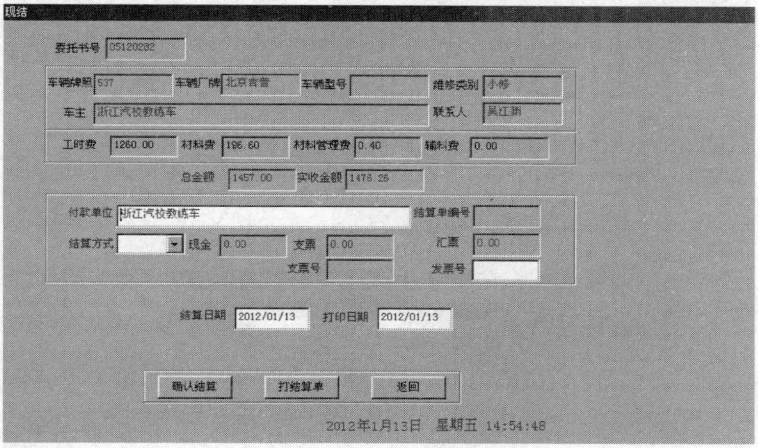

图 4-15　结算屏幕

屏幕中央是车辆的费用情况，包括工时费、材料费、材料管理费、辅料费、总金额和实收金额等。

填入付款单位，结算单编号是自动生成的。

然后选择结算方式，有四种结算方式：现金、支票、现支和汇票。例如：选择现金结算方式，随即现金输入框出现，在现金输入框中输入所应收的现金。这时也可以打印结算单，单击“确认结算”按钮，使这次结算有效，然后单击“返回”按钮。

打印出门证。

3. 挂账车辆结算的操作方法

挂账有两种：特挂与临挂。

特挂指特约挂账：一般客户与汽修企业之间有长期的关系。

临挂指临时挂账：一般客户与汽修企业之间无长期关系，须经企业负责人批准。

鼠标单击车辆结算屏幕中的单选项“挂账”按钮,在屏幕的上端浏览框中,显示挂账的全部车辆,如图4-16所示。

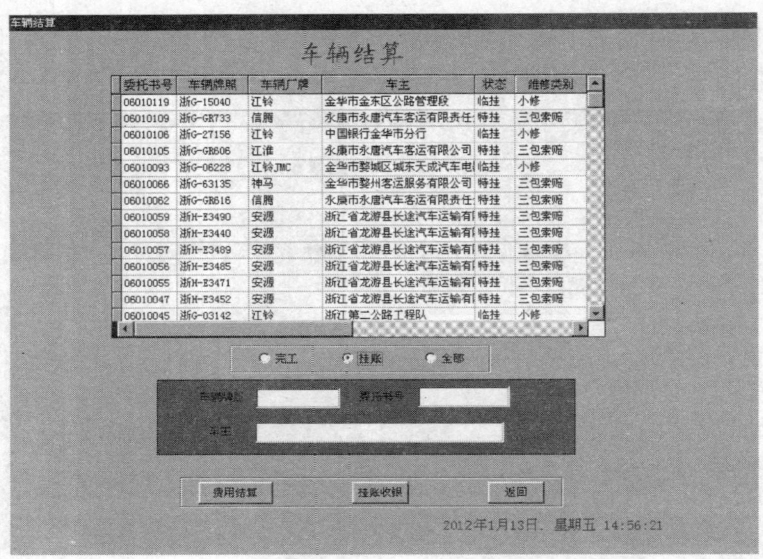

图4-16　挂账车辆的查询

在单选按钮的下方快速查询框中,输入车辆牌照或委托书号或车主相应的内容时,系统会快速在浏览框中显示符合条件的车辆。

双击该车辆可以查看此车辆的配件领用和派工情况等详细情况,如图4-17所示。

对于挂账车辆的结算,一般是不允许再更改此车辆的任何数据,如需要更改车辆的某些款项,可以通过恢复操作将此车辆的状态由挂账转为完工,再到结算屏中更改此车辆的数据。

鼠标单击车辆结算屏幕中的“挂账收银”按钮,进入挂账收银处理屏幕,如图4-18所示。

填入付款单位,结算单编号是自动生成的。

然后选择结算方式,有四种结算方式:现金、支票、现支和汇票。例如:选择现金结算方式,随即现金输入框出现,在现金输入框中输入所应收的现金。这时可以打印结算单，单击“确认结算”按钮，使这次结算有效，然后单击“返回”按钮。

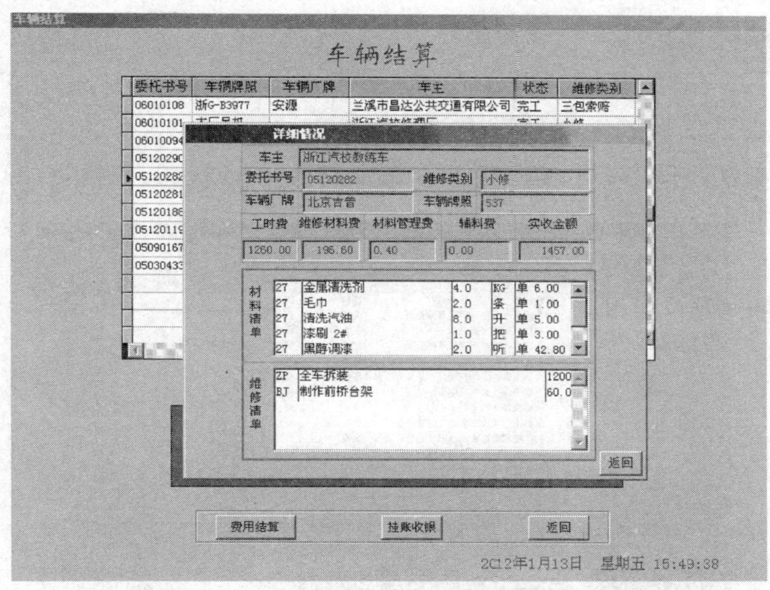

图 4-17　车辆维修详细情况

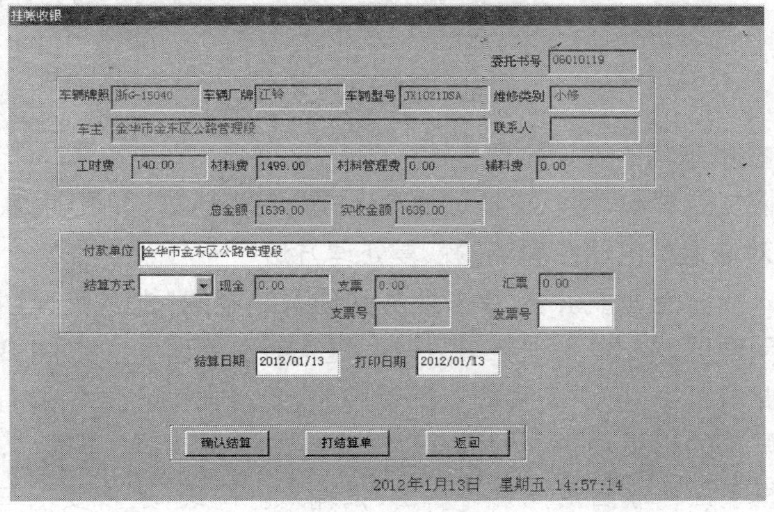

图 4-18　挂账收银处理屏幕

4. 完工车辆或挂账车辆的恢复处理方法

当车辆已完工或车辆已结后，又发现问题时，需进行恢复处理。其中有三种状态：

完工→在修；挂账→完工在修；已结→完工在修。

1) 完工车辆的恢复处理方法

在恢复处理中，可以将完工的车辆转为在修状态，如图 4-19 所示。

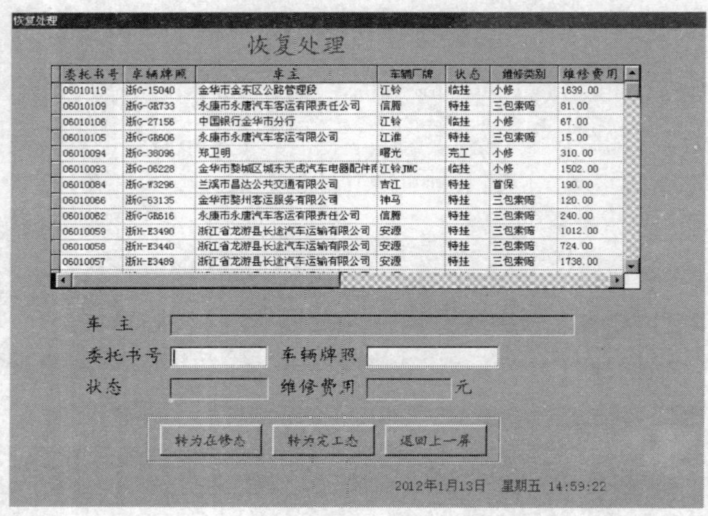

委托书号	车辆牌照	车主	车辆厂牌	状态	维修类别	维修费用
06010119	浙G-15040	金华市金东区公路管理段	江铃	临挂	小修	1639.00
06010109	浙G-GR733	永康市永唐汽车客运有限责任公司	信腾	特挂	三包索赔	81.00
06010106	浙G-27156	中国银行金华市分行	江铃	临挂	小修	67.00
06010105	浙G-GR606	永康市永唐汽车客运有限公司	江淮	特挂	三包索赔	15.00
06010094	浙G-38096	郑卫明	曙光	完工	小修	310.00
06010093	浙G-06228	金华市婺城区城东天成汽车电器配件商	江铃JMC	临挂	小修	1502.00
06010084	浙G-W3296	兰溪市昌达公共交通有限公司	吉江	特挂	首保	190.00
06010066	浙G-63135	金华市婺州客运服务有限公司	神马	特挂	三包索赔	120.00
06010062	浙G-GR616	永康市永唐汽车客运有限责任公司	信腾	特挂	三包索赔	240.00
06010059	浙H-E3490	浙江省龙游县长途汽车运输有限公司	安源	特挂	三包索赔	1012.00
06010058	浙H-E3440	浙江省龙游县长途汽车运输有限公司	安源	特挂	三包索赔	724.00
06010057	浙H-E3489	浙江省龙游县长途汽车运输有限公司	安源	特挂	三包索赔	1738.00

图 4-19 完工车辆恢复处理

2) 挂账车辆的恢复处理方法

在恢复处理中，可以将挂账的车辆转为完工状态，如图 4-20 所示。

3) 对需退料的已结车辆的恢复处理方法

进入业务受理子系统，单击业务受理系统中的“业务受理”按钮，进入业务受理屏，单击“受理新车”按钮，进入新车受理屏，如图 4-21 所示。

在此屏幕中，用户仅需输入车辆牌照，系统自动将原先的有关资料填入该屏幕的相关项中，然后，单击“已结车辆有退料”复选框，该屏幕在复选框下面增添旧委托书号栏目，请输入。同理，还将要求车辆入维修类别及车间两项。单击“派工”按钮，进行派工处理，返回后，单击“确认受理”按钮。至此，对需退料的已结车辆的恢复处理基本完成。接着需要输入退料，按照配件出库的操作方法进行操作。

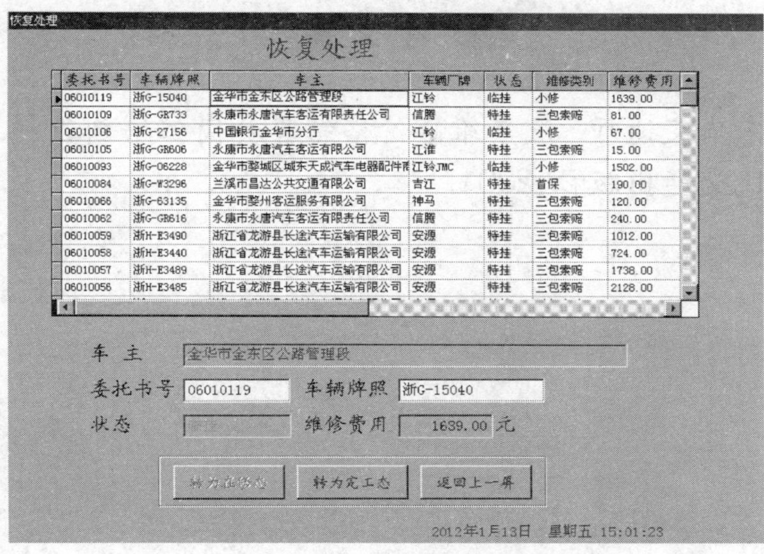

恢复处理
恢复处理
委托书号 车辆牌照 车主 车辆厂牌 状态 维修类别 维修费用
06010119 浙G-15040 金华市金东区公路管理段 江铃 临挂 小修 1639.00
06010109 浙G-GR733 永康市永唐汽车客运有限责任公司 信腾 特挂 三包索赔 81.00
06010106 浙G-27156 中国银行金华市分行 江铃 临挂 小修 67.00
06010105 浙G-GR606 永康市永唐汽车客运有限公司 江淮 特挂 三包索赔 15.00
06010093 浙G-06228 金华市婺城区城东天成汽车电器配件商 江铃JMC 临挂 小修 1502.00
06010084 浙G-W3296 兰溪市昌达公共交通有限公司 吉江 特挂 首保 190.00
06010066 浙G-63135 金华市婺州客运服务有限公司 神马 特挂 三包索赔 120.00
06010062 浙G-GR616 永康市永唐汽车客运有限责任公司 信腾 特挂 三包索赔 240.00
06010059 浙H-E3490 浙江省龙游县长途汽车运输有限公司 安源 特挂 三包索赔 1012.00
06010058 浙H-E3440 浙江省龙游县长途汽车运输有限公司 安源 特挂 三包索赔 724.00
06010057 浙H-E3489 浙江省龙游县长途汽车运输有限公司 安源 特挂 三包索赔 1738.00
06010056 浙H-E3485 浙江省龙游县长途汽车运输有限公司 安源 特挂 三包索赔 2128.00
车 主 金华市金东区公路管理段
委托书号 06010119 车辆牌照 浙G-15040
状态 维修费用 1639.00 元
转为在修态 转为完工态 返回上一屏
2012年1月13日 星期五 15:01:23

图 4-20　挂账车辆恢复处理

新车受理
新 车 受 理
牌照类型: 小车 车辆牌照: 委托书号: 06010203
车辆厂牌: 车辆型号: 车辆类型: 以底盘号为准
车辆颜色: 发动机号: 底盘号
备件组织号: 行驶公里数: 0 公里 油况: 购车日期: / /
车辆出厂日期: / / 购车里程: 首保日期: / /
车 主: 抢修地点 备注内容
车主地址: 车主邮编:
车主电话: 车主联系人: 会员卡号:
托修人: 工时费折扣: 100 材料费折扣: 100 卡类:
维修合同号: 维修类别: 已结车辆有退料
受理日期: 2006/01/19 01:50:36 车 间
约定出厂日 2006/01/19 01:50:36 接待员 021 业务员
保险公司:
上次出厂日 / / 上次委托书号 上次出厂里程 总修理次数
上次建议
标准
派工 确认受理 取消受理 附加信息

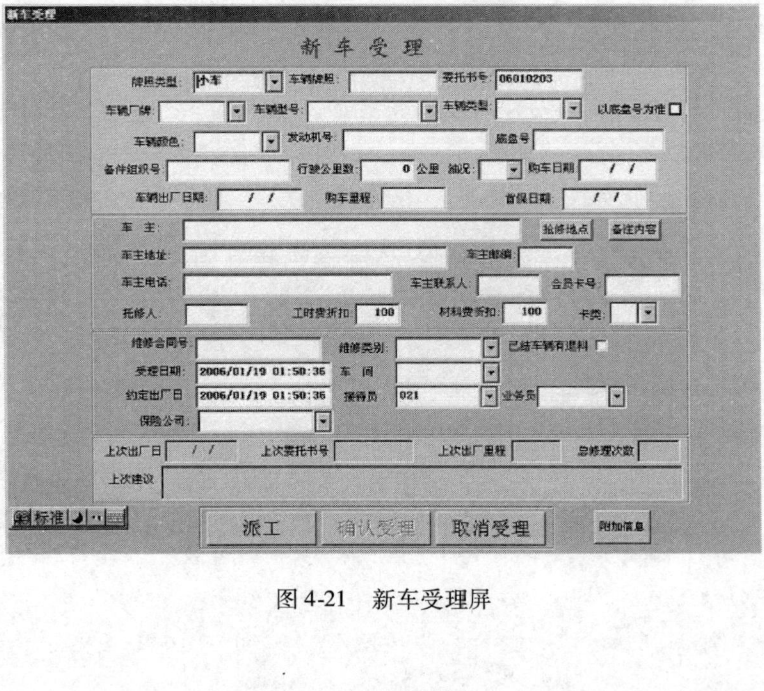

图 4-21　新车受理屏

参考文献

[1] 广东省交通厅. 汽车维修价格结算员岗位培训教材. 北京：人民交通出版社,2001.